hito*yume book

東菅《ひがしすげ》小学校の7年間の物語

思考の「すべ」を獲得した子どもたち

川崎市立東菅小学校
授業研究会
監修 角屋 重樹

文溪堂

これが子どもたちの思考力が育つ東菅《ひがしすげ》小学校の教室・廊下・掲示

教室 机の配置

東菅小学校の思考力を育成する授業では、「教師が教える」ことよりも、「子どもたちが話し合い、自分たちで考える」ことが重視されている。そのため、机の配置は全員が黒板を向くいわゆる整列型ではなく、子ども同士が向き合う対面型をとることが多い。ただし、全校一律に決められているわけではなく、担任の判断や子どもたちの実態などによって異なる。授業によって変えることもある。

低学年の教室。整列型と対面型の中間のような配置。教師の関与もまだまだ多い段階。

高学年の教室。子ども同士がほぼ対面状態になっており議場のような配置。話し合いがしやすい。

子どもたちに特に意識させたい「すべ」を、凝ったレタリングで
教室のもっとも目立つところに掲示しているケースも。

すべ

東菅小学校の黒板やその周辺には、さまざまなものが掲示されている。中でも目立つのが、「すべ」に関するものだ。「比較」「関係づけ」などを表すマグネットのカードが用意されており、授業でそれらの「すべ」を使う場面になるとすぐに貼れるようになっている。また、常に子どもたちから見えるところに用意しておくことで、子どもたちが思考活動を行うときにそれらを思い出しやすくもしている。

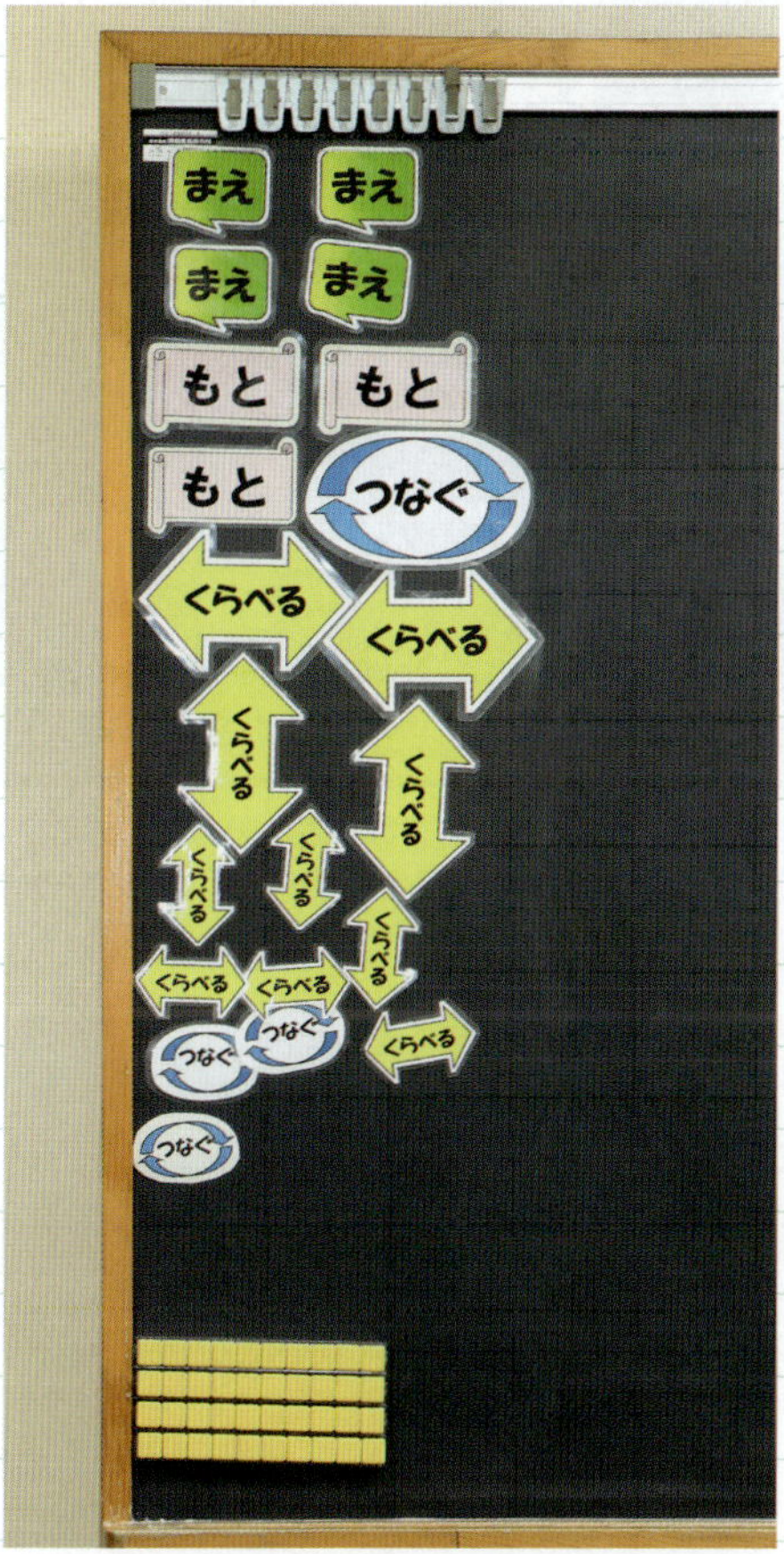

常に視野に入る場所に掲示しておくことで、子どもたちの中に「すべ」がしみ込んでいく。低学年では子どもが意味を捉えやすいよう、「関係づけ」は「つなぐ」、「比較」は「くらべる」と言い換えている。

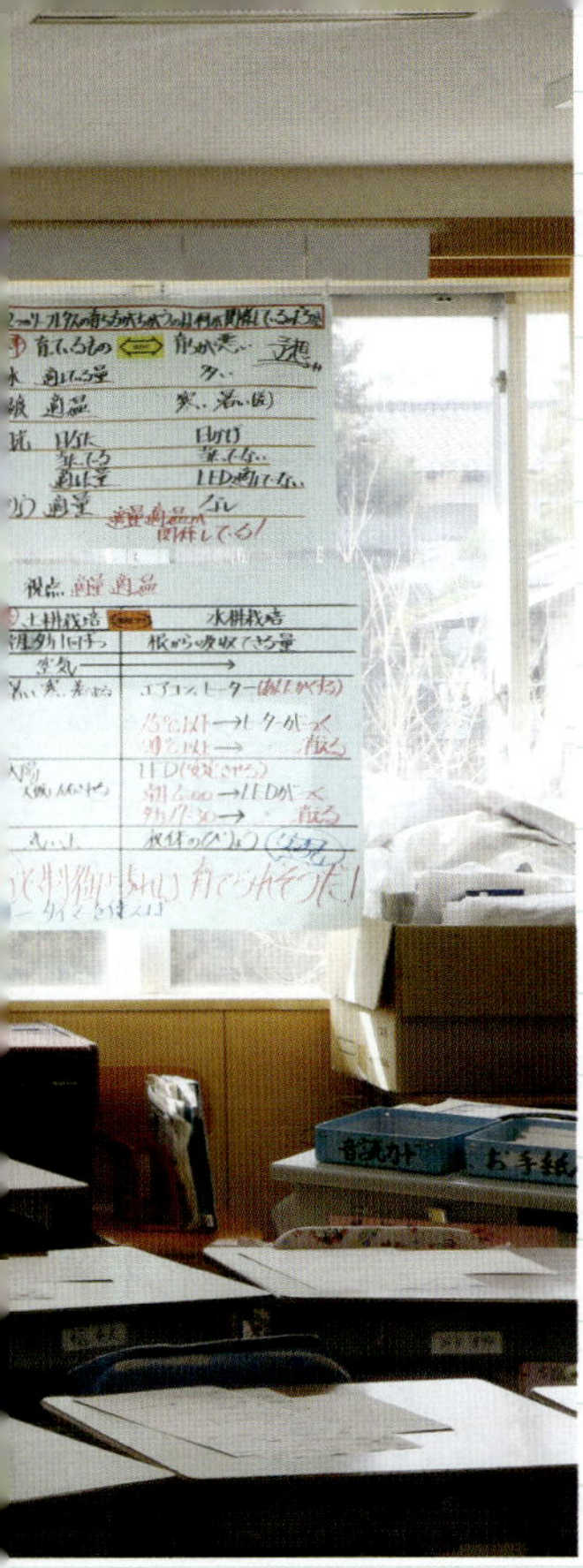

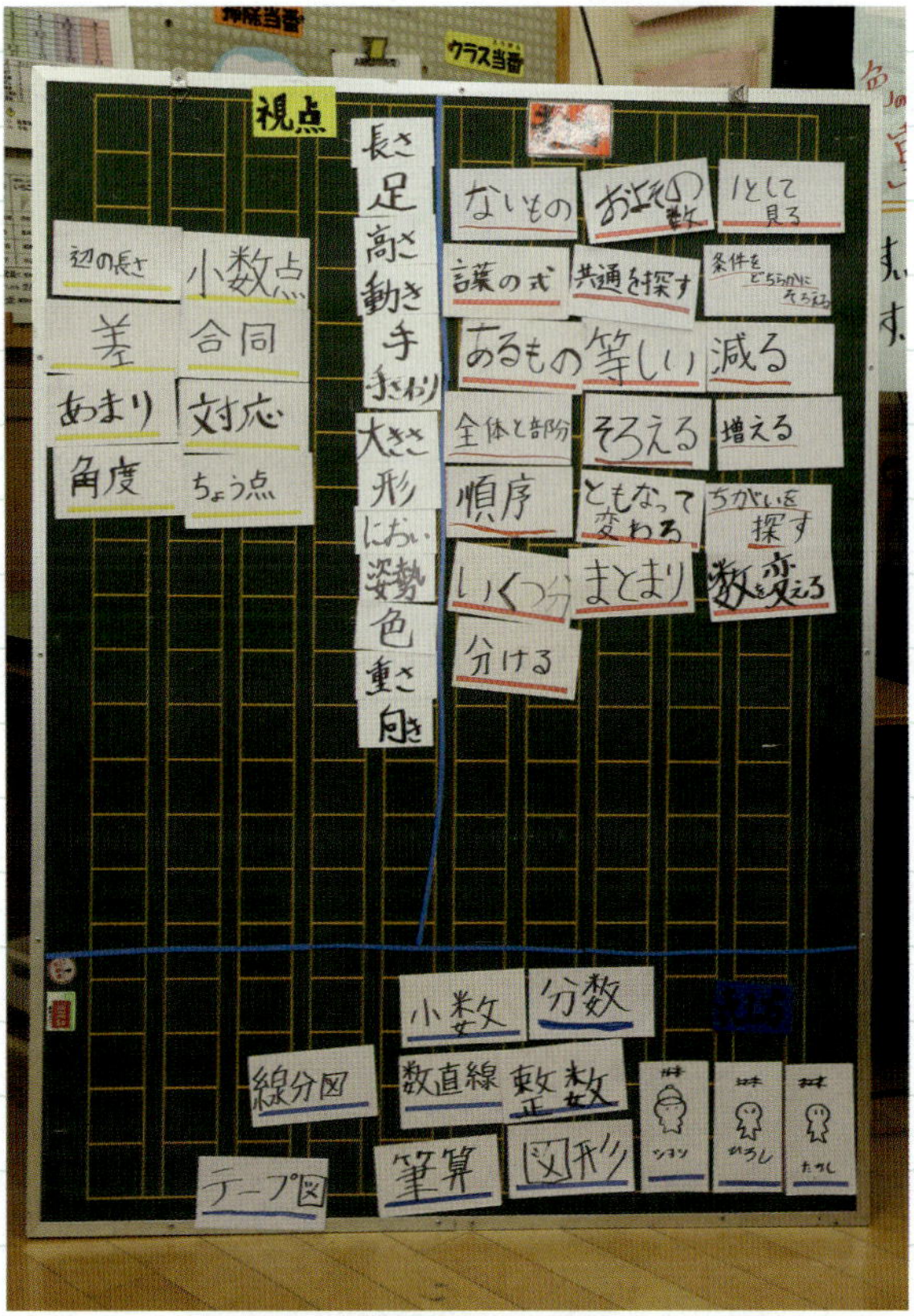

左の写真のように既習事項をまとめたものだけでなく、既習事項の項目名だけのマグネットカードを用意している例も。板書中に使う。

既習事項のうち、特にほかの学習の思考にも使える「見方・考え方」に関係するものは、さまざまな形で教室に掲示されている。知識に関する既習事項の掲示はときどき見かけるが、「見方・考え方」を重視しているところが東菅小学校の特徴だ。掲示の仕方や量は、子どもたちの発達段階や学習状況などによって変わるが、めざしているのは、「常に使える掲示」である。

既習

窓を覆ってしまわんばかりに掲示された既習事項のまとめ。模造紙は意外と光を通すので、教室が暗くなってしまうということはない。

低学年の教室に掲示された話型のカード。「話型」というと特別なもののように思いがちだが、「うんうん」「あ～！」「そうだよね」など日常的な言葉も。

話型にはさまざまなものがある。たとえば、子どもたちが自分の考えを説明するときに使いやすい言葉、表現の仕方に類する話型もあれば、相づちなど友達の発言に対する反応の言葉に類する話型もある。話型をもつことは、頭の中で自分自身の思考を整理するためにも大きく役立つ。なお、話型の掲示はあくまで「ヒント」であって、「この言葉を使わなければならない」といった定型のものではない。子どもたちの中から出てきた言葉を拾うことも多く、クラスによっても異なる。

話型

「話型」は言葉だけではない。「結論・結果を述べるときには根拠や理由も付け加える」といった「文型」も話型の一種。

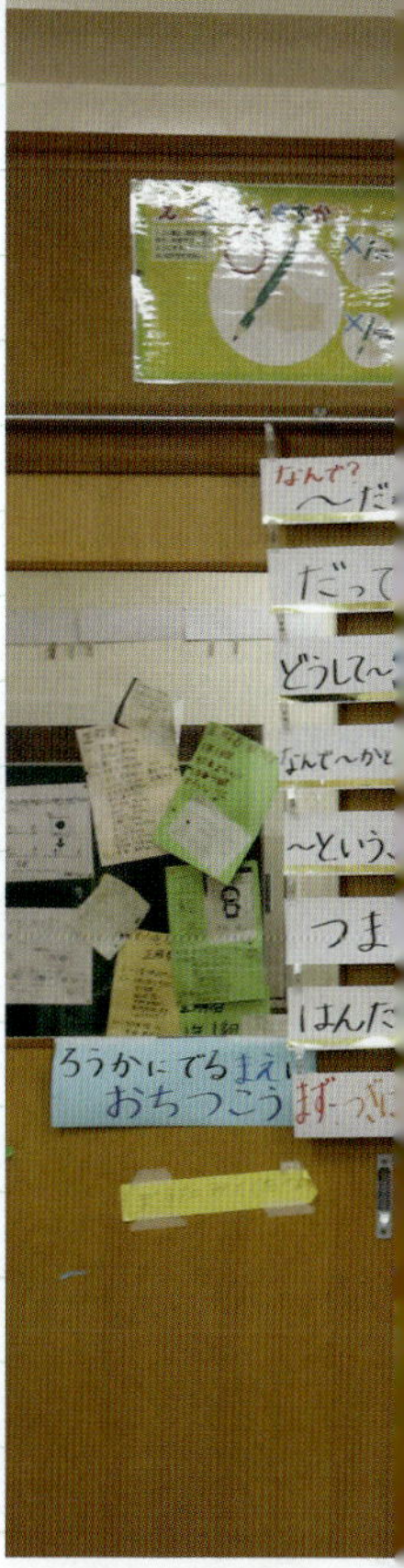

このクラスでは黒板の上に話型を掲示し、子どもたちがより意識できるようにしている。

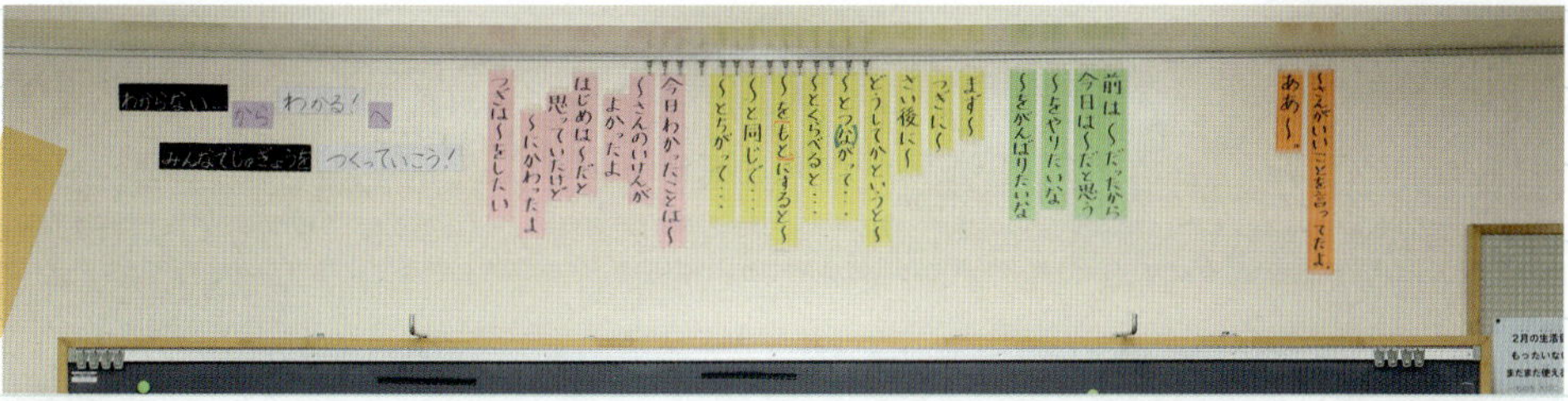

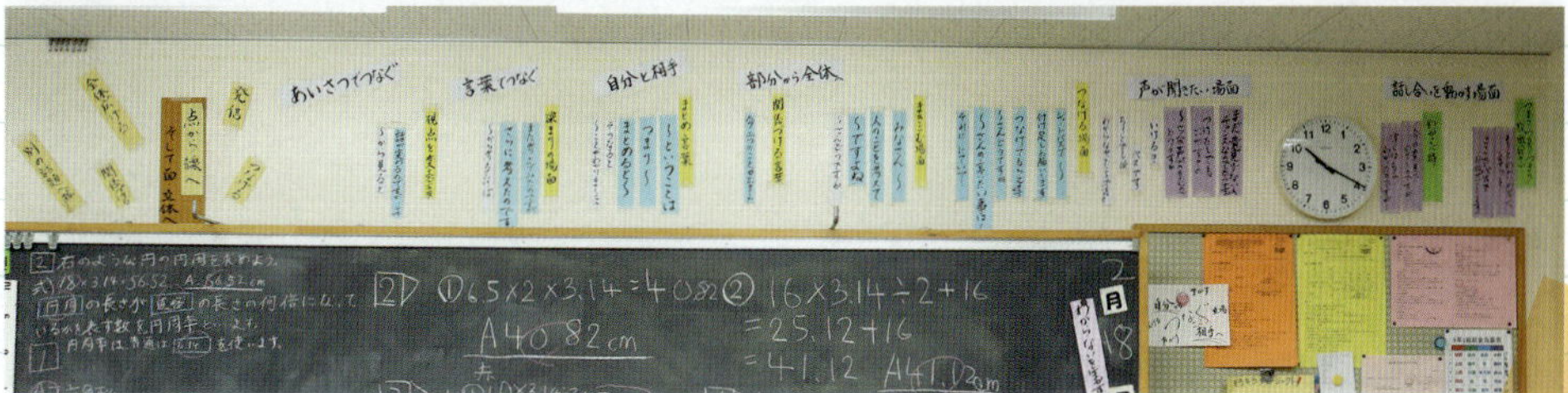

同じ黒板の上への掲示だが、使用場面や内容によって分類している。話型を意識するだけでなく、日常生活での心構えのような面も。

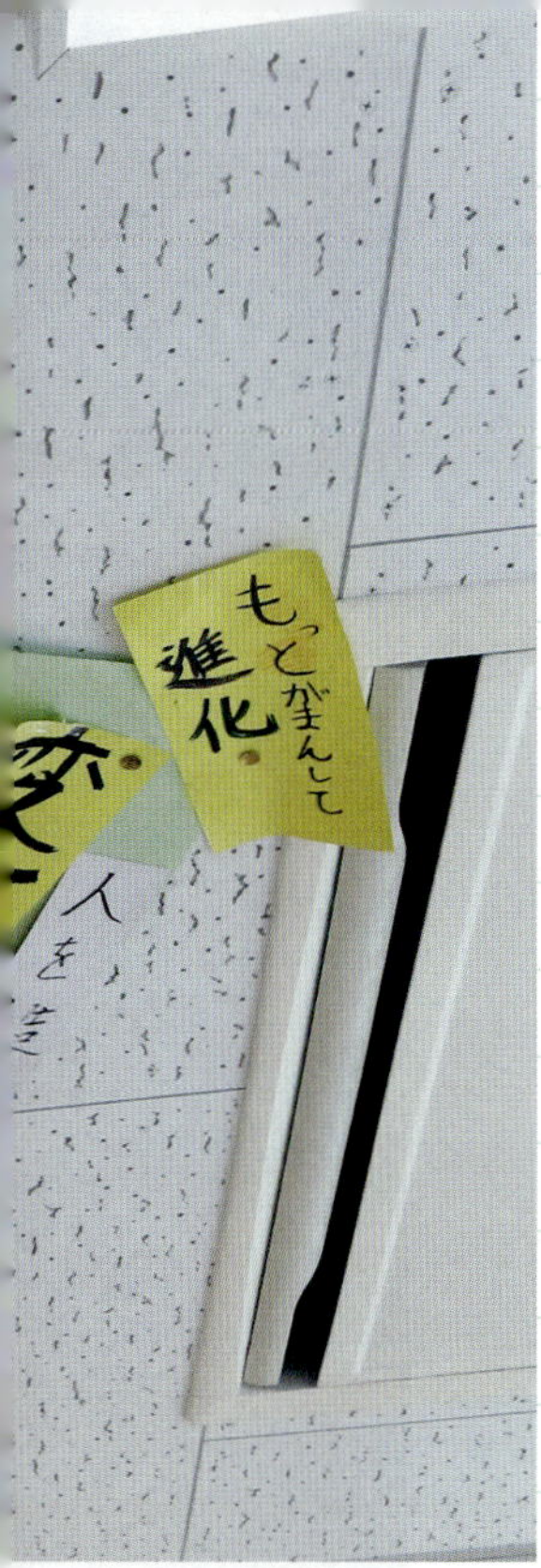

ユニークな掲示

東菅小学校の研究においては、「当たり前に流されない」ということも大切なテーマの一つ。「すべ」や「話型」を掲示すると子どもたちの思考が進みやすい——といった成果を共有しつつ、そのほかの部分ではクラスごと、担任ごとの個性が際立つ。掲示も「当たり前」である必要はないということだろう。左の写真のように、ついには天井まで掲示に使っている教室も。

子どもたちのノートのコピーという、ありそうでなかった掲示。ノートのとり方も子どもたちに任されているが、使い方が上手な子どものノートを見本として共有することで、全体のレベルが向上する。

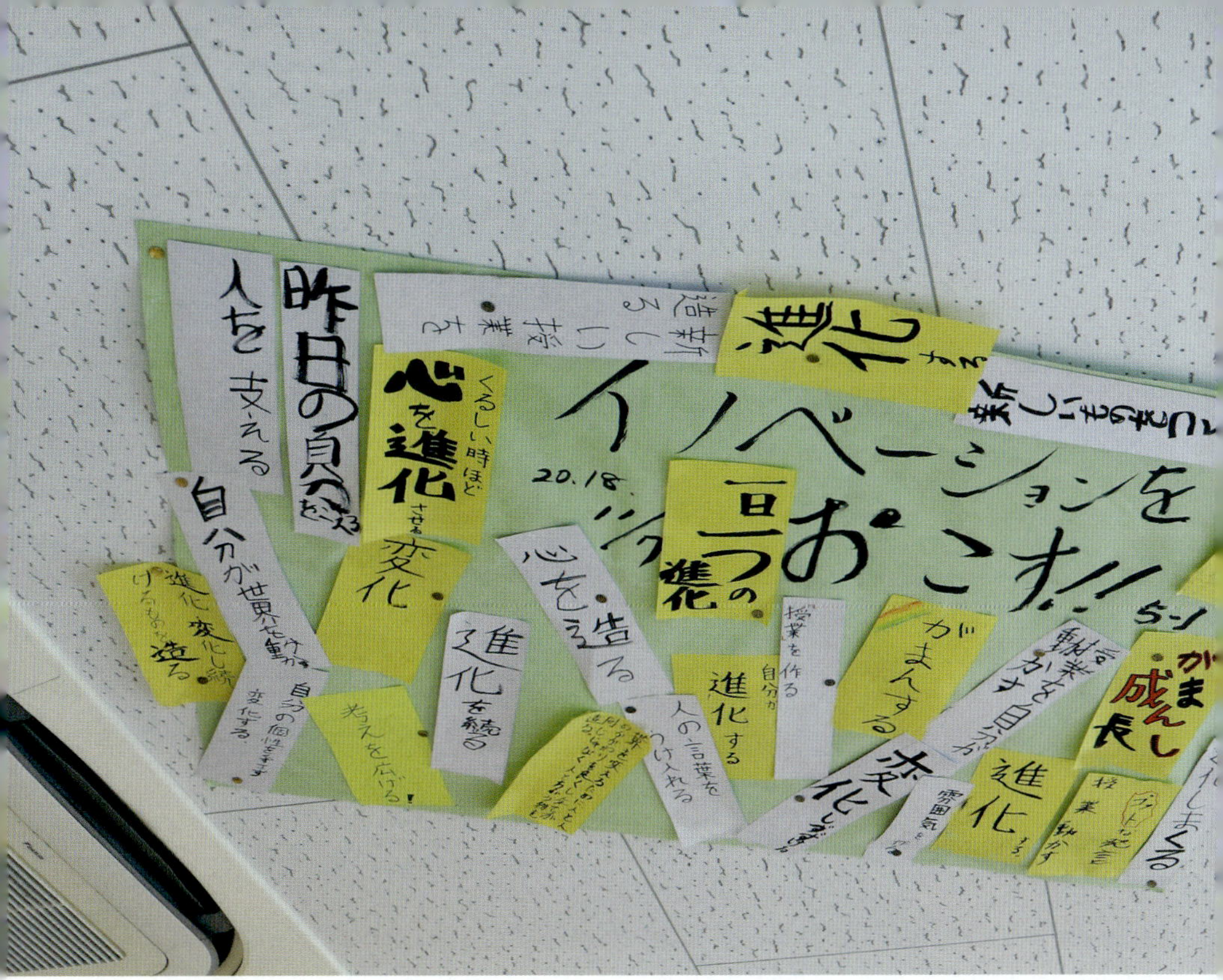

天井にまで掲示している上の写真の黒板まわり。何を、どう掲示するかということ自体が、教師から子どもたちへのメッセージだとも言える。

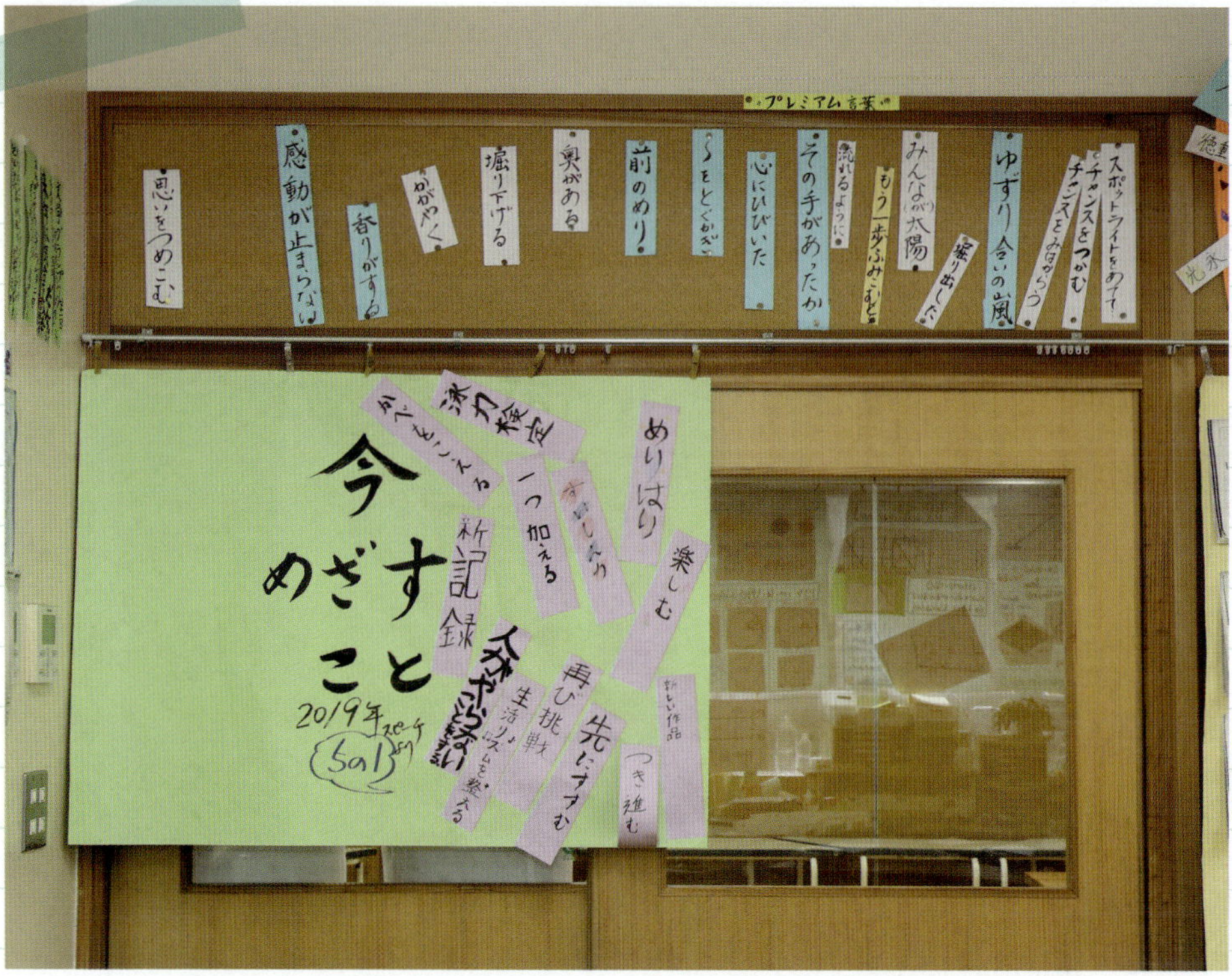

「今めざすこと」の掲示は、他者に対する宣言というよりも、自分自身を見つめた思考の記録である。

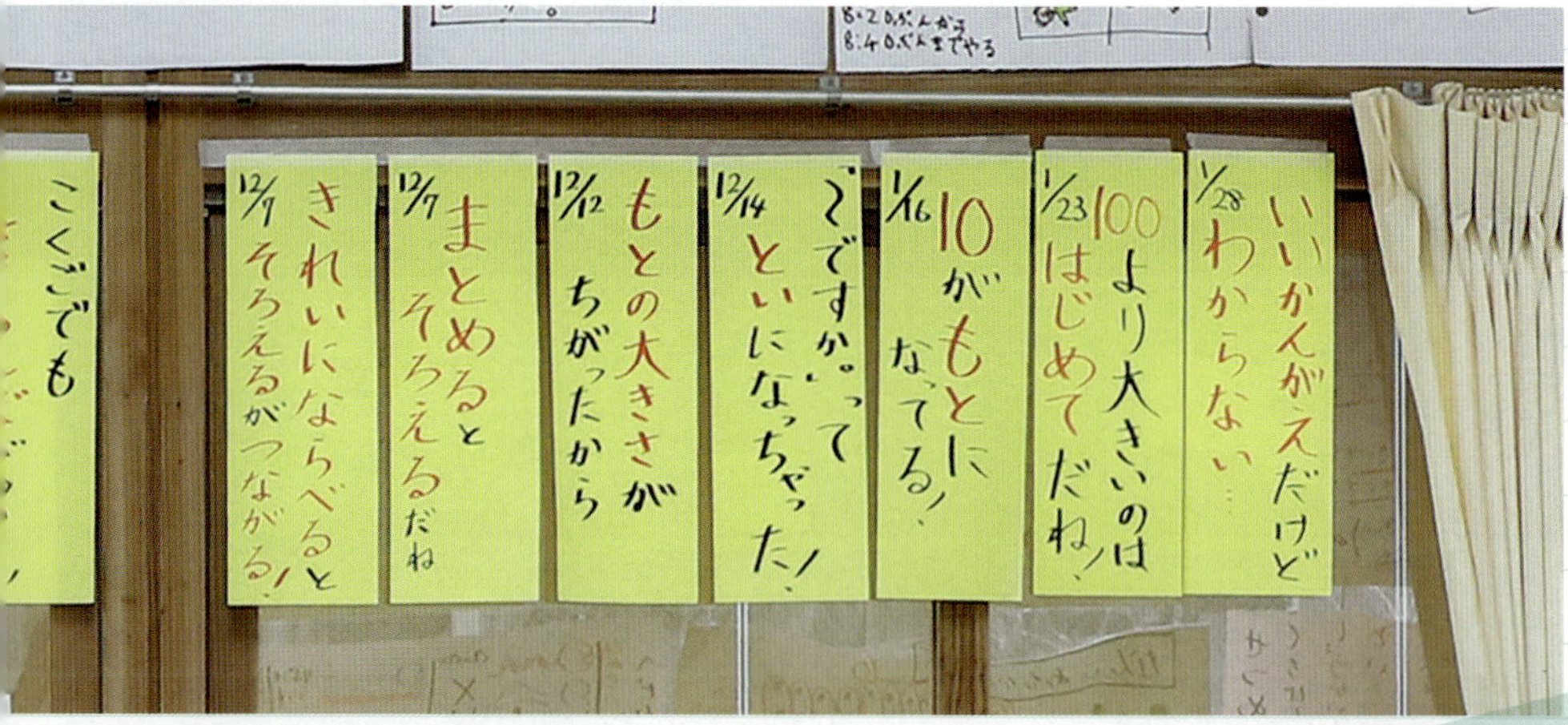

子どもの言葉を拾う

掲示されている子どもの言葉は、いわゆる「話型」ばかりではない。上手な表現、ほかの子どもの心にもはたらきかけた言葉など、さまざまな子どもの言葉が掲示されている。普通なら消えていってしまう言葉が記録されることで、子どもの自己肯定感や成長の実感につながるのと同時に、クラス全体の言葉に対する意識も高まる。

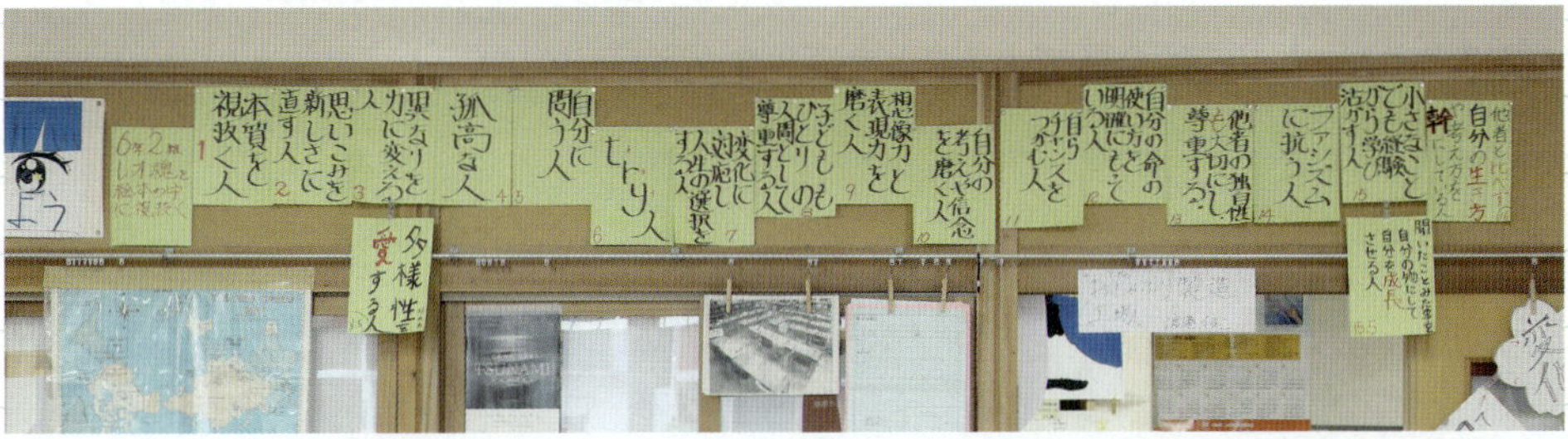

高学年での、「どんな人になりたいか」の掲示。「○○ができるようになる」という能力向上の目標ではなく、「自分はどう生きていきたいのか」という人生の目標でもある。

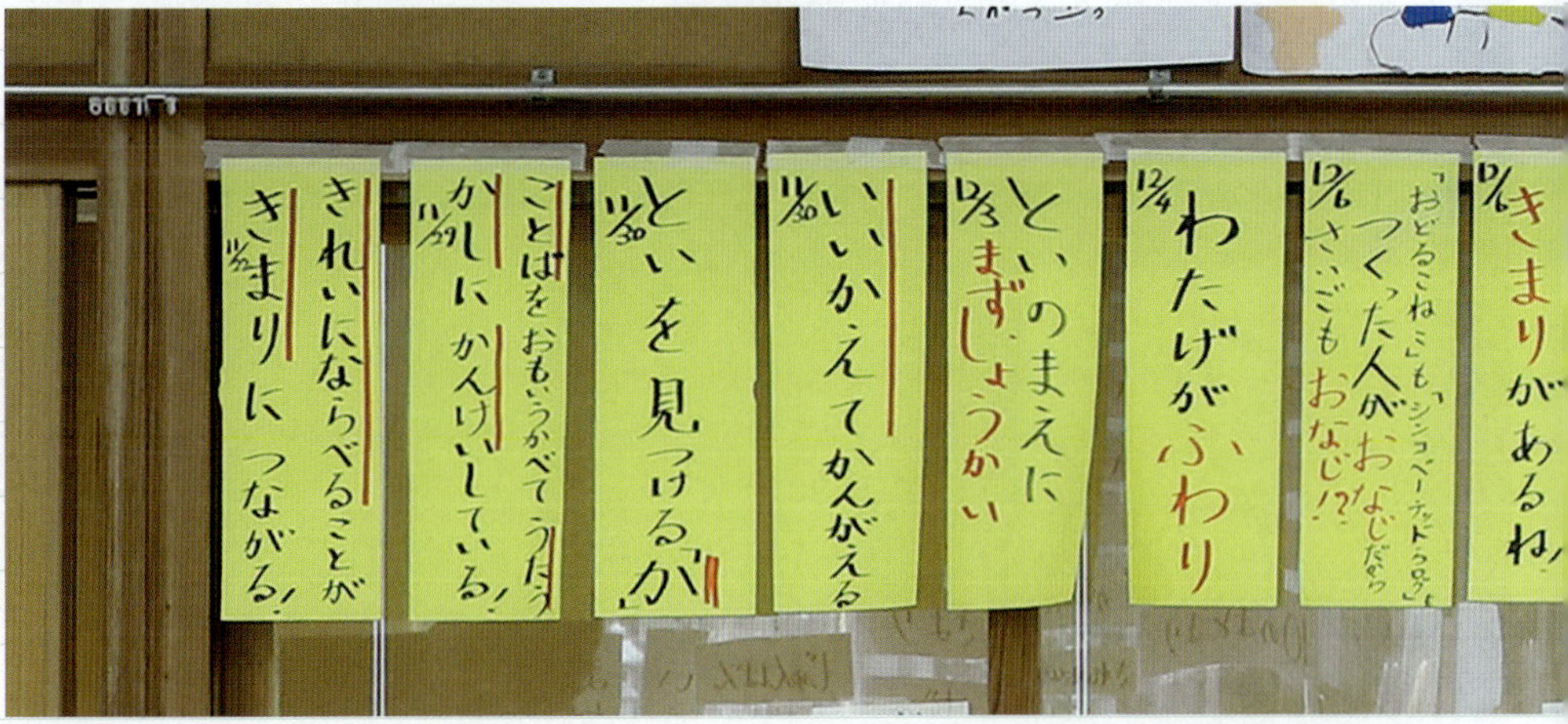

経験が少ない1年生であっても、気をつけて聞いていると「すべ」や「話型」に匹敵するような言葉も。教師がそれを拾い、価値づけて掲示。「いいかんがえだけど、わからない」といった言葉を拾うには、教師の研ぎ澄まされたアンテナが必要。

廊下も空き教室も

東菅小学校では、廊下や空き教室などを含め、あらゆる場所が最大限に活用されている。見る人によっては「雑然」と感じるかもしれないが、活用方法自体が子どもたちにとっては情報でありメッセージでもある。目的のためには既成の枠組みを破ることも、ときには必要であることを感じながら育っていく。

廊下の広くなっている部分に畳を置いたところ、子どもたちに大人気のコーナーに。
休み時間、ここに座ったり、寝そべったりしながら、リラックスして本を楽しむ。

子どもたちが昇降口を入ると、すぐに本のコーナーが。1日に最低2回は必ず通る場所に本を置くことで、本を常に身近に感じさせている。

廊下にも図書コーナーが。その時期の学習内容や行事などの関連書籍が置かれている。一般向けの書籍を教師が自宅から持ってきて置いておくこともある。

空き教室は物置などにしてしまわず、さまざまな展示スペースとして活用。
ドアなどは取り払ってあり、子どもたちが自由に出入りできる。

この日は、子どもたちのアート作品を、
廊下や普段使わない階段まで使って展示。
展示そのものを創作活動として楽しんでいる。
もちろん消防法違反にならないよう教師が
注意を払う。

はじめに

令和2年度から全面実施となる新学習指導要領では、子どもたちの資質・能力を高めるための柱の一つとして、「思考力・判断力・表現力の育成」をあげています。子どもたちの思考力育成は日本の教育界において第一に取り組むべき課題です。それにも関わらず、その具体的な方法がいまひとつ確立できていません。そういった中において、思考力育成の数少ない先進事例が、本書で紹介する川崎市立東菅小学校です。

本書は、東菅小学校が思考力育成のために行ってきた取り組みを、同校の前校長である葉倉朋子先生が中心になってまとめたものです。取り組みの具体的な内容については本書で述べられていますが、ここでは、なぜその取り組みを行うことができたのか、どうしてその取り組みが成果をあげることができたのか、共に研究に携わってきた私の目を通して、述べたいと思います。

まず大切なことは、東菅小学校の全教職員が、一丸となってこの研究に取り組んできたということでしょう。いわば「チーム東菅小」の存在です。授業研究を「思考力育成」に焦点化し、それを学校経営の基盤とする――という方針を全教職員が理解した「チーム東菅小」があったからこそ、子どもたちの思考力育成の取り組みが成功したのです。

「チーム東菅小」内で共有されたのは、

・思考力育成を学校の中心に位置づけること
・育てたい資質・能力を明確にすること

この2つです。これらを単なるキャッチフレーズに終わらせてしまうことなく、具体的な行動に結びつけたところに、「チーム東菅小」の強さの秘密があるといっていいでしょう。

具体的に見ていきましょう。

「チーム東菅小」の特徴の一つに、先生方が互いのよさを認め合い、共に成長していったということがあげられます。東菅小学校では、先生同士がお互いの授業を見合うことを積極的に行っています。校内研などのあらたまった場だけでなく、日常的に授業を見合う「ふらっと授業」を行っているのです。これによってそれぞれの先生方の良い点を学び合うと同時に、困っていることを共有し、「チーム」として解決していくという状況が形成されました。

先輩教師が後輩にアドバイスし、若手がベテランの授業を参考にするといったことはこれまでも行われてきました。ただしその内容は個々の先生によって異なるため、学校全体の授業力、指導力を押し上げるというところまではなかなかいかなかったというのが実情でしょう。

これに対し東菅小学校では、「思考力育成」に焦点化することが全体で共有されているため、それを軸として研究やアドバイスが行われました。全員が同じ方向を向いているため、成果や問題意識の共有化が促進され、チーム全体としての成果に結びついていったと考えられます。

「子どもたちに育てたい資質・能力」についても、「チーム東菅小」内での共有化が図られました。

子どもたちに育てたい資質・能力について東菅小学校では、
①子どもが自分自身を見つめる力（メタ認知力）を育成する
②子どもが他者から学ぶ力を育成する
③子どもが経験や既習を関連づけて、問題を発見し、解決する力を育成する
――として取り組んだわけですが、東菅小学校の先生方は、特に③について理解し、実践に結びつけていくことに苦労されました。

「経験や既習を関連づけて、問題を発見し、解決する」と、言葉で言うことは簡単です。しかし、子どもがこのような能力を獲得するためには、まず先生方自身が「経験や既習を関連づけて、問題を発見し、解決する」ことを理解しなければなりません。そのために東菅小学校では、実に1年半もの時間がかかりました。

その間、東菅小学校の職員室では「経験や既習を関連づけて、問題を発見し、解決する」とはどういうことなのかという議論が、しばしば繰り返されました。会議や校内研などあらたまった場だけでなく、日常的にそういったディスカッションが繰り返されたことも、「チーム東菅小」の底力となったと思います。

また、このような議論を通じ、ベテランと若手が目標を一つにして、互いに教え合ったり、助け合ったりしていました。これが、初任者指導につながるとともに、ベテランの先生にとってはマンネリ化を防ぎ、自己革新の機会ともなりました。

これらの過程を経ることによって、「チーム東菅小」が形成されていったのです。

読者の皆さんが本書をお読みになるときにぜひ念頭に置いていただきたいのは、東菅小学校はごく普通の公立小学校であり、そこで学ぶ子どもたちも、あるいは先生方も、特別ではないということです。

先進的な事例を紹介すると、「特別な小学校だからできたことだ」「特に優秀な先生方がいたから成功したのだ」といった捉え方をされることがあります。

しかし、そういった取り組みの多くは、どの小学校でも実践することが可能なものです。本書で葉倉先生が繰り返しお書きになっているように、「まずはやってみよう」という意識をもち、挑戦してみることが大切なのではないでしょうか。

私も参加した、本書に収録された座談会では、各先生方による努力や工夫の結果として現在の東菅小学校があることが浮き彫りにされました。その中には数々の失敗もあったはずですが、失敗したからこそ見えてくるもの、学べることもあるのです。

東菅小学校が他校と比べて恵まれていたところがあるとしたら、それは葉倉朋子先生という校長の存在だと思います。「チーム東菅小」がまとまっていく中で葉倉先生は、大きな役割を果たされました。

葉倉先生は、子どもたちの思考力育成について、自らが先頭に立って研究に取り組まれました。先生方はことあるごとに、葉倉先生に相談をもちかけ、悩みを打ち明けました。葉倉先生は「私は先生方に何かを教えたつもりはない」とおっしゃいますが、先生方と一緒になって課題に取り組み、考え、迷う姿は、「チーム東菅小」にとって欠かせないものでした。

葉倉先生は東菅小学校の先生方を、上手に「知的ハングリー」な状態に導いたと、私は考えています。一見すると問題なさそうな授業に「それで本当にいいの？」「どうしてそうするの？」と問いを投げかけます。その繰り返しによって先生方は「気づき」と「どうすればよいのか、何が必要か」という問いを自分の中にもち続けます。「思考力育成」という目標を見失うことなく、取り組み続けることができたといっていいでしょう。

また、研究校の指定を受けることで、予算的な面も含めて先生方が研究に取り組みやすい環境を整えるといった面でも尽力されました。まさに、校長として、学校経営者としての「すべ」をもった方だといえるでしょう。

東菅小学校の取り組みは、「思考力・判断力・表現力の育成」はもちろん、「カリキュラム・マネジメント」や、「主体的・対話的で深い学び」に取り組むうえでも参考になるものが多く含まれています。

本書が、授業改善や学校経営に取り組まれている多くの先生方の一助となることを願ってやみません。

角屋　重樹

もくじ

第1章　東菅小学校の物語　葉倉 朋子……27

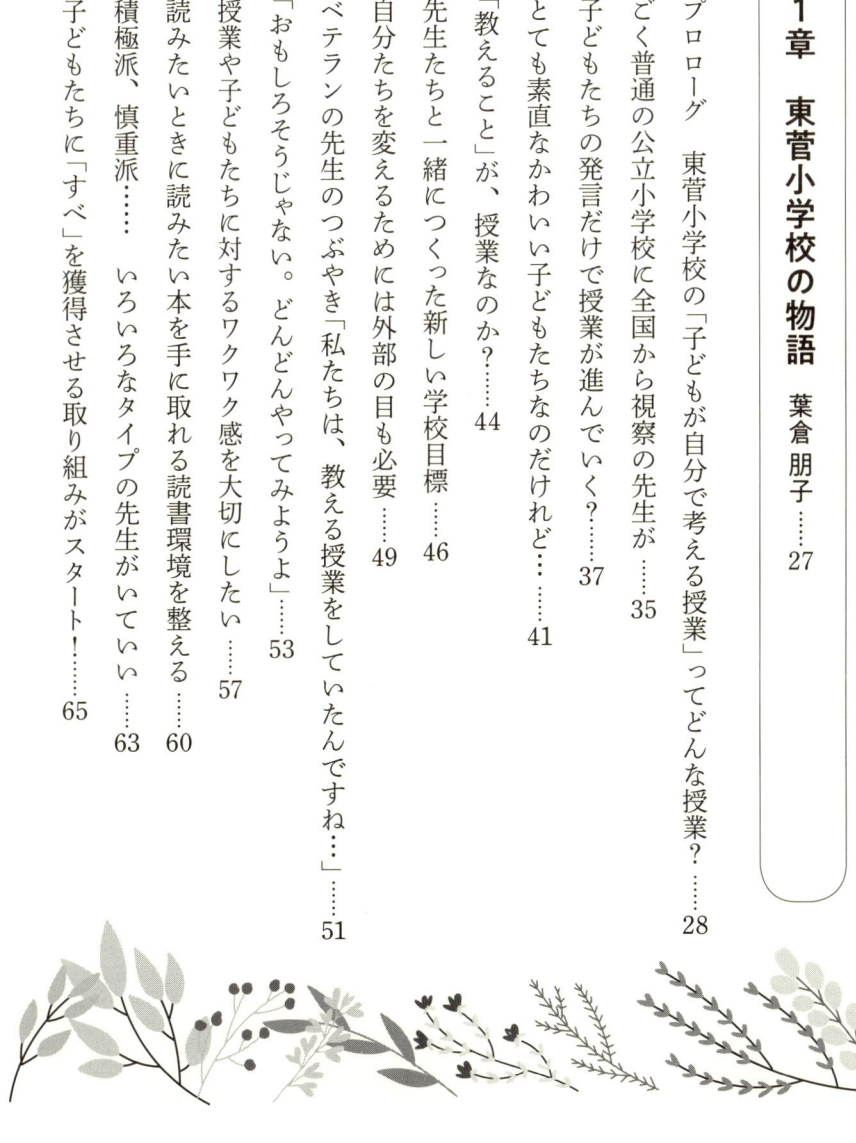

第2章　子どもたちの思考を育む「すべ」とは　角屋 重樹……99

第1章 東菅小学校の物語

葉倉　朋子
（前　川崎市立東菅小学校校長）

プロローグ

東菅小学校の「子どもが自分で考える授業」ってどんな授業？

東菅小学校の、ある日の6年生の算数の授業です。

＊

この日の学習内容は「比」です。

まず、教師が場面を設定します。

「先生ね、おいしいコーヒー牛乳のつくり方を見つけたの。コーヒー300mLと牛乳200mLをまぜると、とってもおいしいコーヒー牛乳ができるのよ。それでね、牛乳があと200mLあるんだけど、これも使っておいしいコーヒー牛乳をつくるには、コーヒーをあと何mL入れればいいか、先生、わからなくなっちゃって困っているんだ。」

どうやら、カフェをモチーフにしたようです。これは、いきなり子どもに課題を与えるのではなく、子どもたちが理解しやすい「場面」を設定することで、今日はどういうことを考えるのかを、子どもたちに理解しやすくする工夫です。

「みんな、今日考えること、わかってくれた？　じゃあ、誰か問題の文章にしてみてくれる？」

子どもたちに「問題」の文章を考えさせることで、課題の内容を整理させるのです。教師が「問題」を示してしまったら、子どもたちはそれをそのまま受け入れるだけ。課題の内容や、何を考えるのかといったことをきちんと理解できていなくても、なんとなく流されてしまいます。しかし、自分たちで整理するとなると、本当にそういう問題になるのか真剣に考えます。中には友達の考えを聞き、「あ、そういうことだったのか」と、あらためて理解する子どももいます。

一人の子が整理した問題文を発表してくれます。

「『同じ味のコーヒー牛乳をつくるために、コーヒーはあと何mLいるか？』でいいと思います。」

東菅小学校の授業になれていると、子どもたちがその日の課題となる文章を考えることは普通のことですが、ほかの学校ではあまり見られない風景かもしれません。

問題文が出たとたん、

「なんか、この前やった『割合』が関係しているような気がする。」

という発言が飛び出しました。これは、思考の「すべ」のうち、「既習」と「関係づけ」です。子どもたちは「すべ」を使って考えることが当たり前になっているので、こういった発言が自然と出てきます。

しばらく、一人ひとりで考える時間をとった後、それぞれの考えを発表します。

まずは一人目。

「牛乳を２００mLたしたから、コーヒーも２００mLあればいいと思います。」

教室の中は「そうかなぁ……」という雰囲気。別の意見のある子どももいるようですが、まず、この子どもの発言を整理します。

「いまの、○○さんの言いたいことを、もう一度リピートできる人いる？」

と教師が投げかけます。このとき、発言内容を整理するのは、意見が同じ子どもとは限りません。むしろ、自分とは異なる考えを整理することで、自分の考えとの違いをよりはっきりとつかむことができます。子どもは意識していないでしょうが、「比較」の「すべ」が使われています。

「○○さんは、牛乳を２００mL増やすならコーヒーも２００mLたすというふうに、牛乳とコーヒーを同じ量ずつたしていけばいい——ということを言いたいのだと思います。」

続いて、別の子どもが自分の考えを発言します。さっきの子どもは自分の席で発言しましたが、今度の子どもは自分から黒板の前に出てきて発言します。黒板の図を使って説明したかったのでしょう。このように東菅小学校の授業では、発言のスタイルはある程度子どもに任されています。黒板にかかれているもののほかに、教室の掲示やモニターの画面など、説明に使いたいものがあるときには、自分の判断で移動して構いません。書画カメラで自分のノートを映して説明する子どももいます。もちろん自席で発言するのもＯＫです。

ほかの考えをもつ子どもも、どんどん発言していきます。

「はじめはコーヒーのほうが１００mL多かったから、牛乳を増やしたら、コーヒーが１００mL多くなるようにコーヒーを増やせばいいと思います。」

「うーん、でもそれだと、なんだか味が変わってしまいそう。」

「味が変わるの？　どうしてだろう。△△さんが言った『味が変わる』の理由を説明できる人いるかな？」

「最初のコーヒー牛乳は牛乳とコーヒーが２００mLと３００mLなのに、後から増やす分は２００mLと２００mLだから、味が違うと思います。」

ただ「味が違ってしまう」ではなく、その理由も含めて明らかにしていくことで、課題に対する思考をさらに深めていきます。

検討を続けていくと、増やすコーヒーの量は３００mLだと考える子どもが増えてきました。正解は３００mLですが、教師はそこで終わらせません。

「どうして３００mLだと言えるの？」

一人の子どもが答えます。

「最初のおいしいコーヒー牛乳の、牛乳の量が２００mLで、コーヒーの量が３００mLでした。だから、そこに牛乳を２００mL増やすなら、コーヒーも３００mL増やさないと同じ味にはならないからです。」

なるほど、説明は合っていますが、まだ比例の考え方には及んでいません。教師はあえて子どもたちをゆさぶります。

「じゃあ、増やす牛乳の量が３００mLだったらどうすればいいんだろう……。」

一瞬、子どもたちは考え込みます。何となくわかるんだけど、どう説明したらいいんだろう……と悩んでいるようです。やがて、既習の「割合」に関係づけて説明しようとする子どもが出てきました。

「最初のおいしいコーヒー牛乳は、全体の量に対して、牛乳は40％、コーヒーは60％ですよね。そのあと、牛乳とコーヒーを増やして、牛乳が400mL、コーヒーが600mLになっても、この割合は変わりませんよね。つまり、この割合でまぜれば、どんな量でもおいしいコーヒー牛乳ができると思います。」

「あー」「なるほどー」といった声が、教室のあちこちからもれました。

最後に教師は、はじめに「牛乳を200mL増やしたのだからコーヒーも200mL増やせばいい」と答えた子どもにたずねます。

「○○さん、いまの××さんの考えは、あなたの考えとは違っていると思うけど、どう思った？」

「考えが変わりました。いまは、××さ

ん と同じ考えです。」

「そうなんだ。じゃあいまの考えを、あなたの言葉で説明してくれる?」

自分の考えが変わった子どもにあえて説明させることで、自分の中での気づきや変容を意識させます。また、課題の検討を進めていく中で、よりよい考え方が見つかったら、考えを変えてもいいんだという思考の柔軟性も身につけさせます。

最後に教師がもう一つ、気づきのきっかけを子どもに与えました。

「じゃあ、おいしいコーヒー牛乳をつくるための牛乳とコーヒーの量の組み合わせを表にしてみるね。この表を見て気づくことはないかな。」

「あっ、牛乳の量が2倍になるとコーヒーの量も2倍になるし、牛乳が3倍になるとコーヒーも3倍になってる。」

「なるほど、そうだね。こういう関係って、どこかで見たことなかったかな?」

「比例と一緒だ!」

また、既習事項を思い出したようです。既習の主な用語を書いたマグネットのカードが補助黒板に貼ってあったのですが、その近くにいた子どもが、すかさず「比例」のカードを見つけて黒板に貼ります。

今日学習したことについての最後のまとめを子どもに整理させて、この時間の授業は終わりました。

この授業中、子どもたちは常に「自分はどう考えるのか」ということを強く意識していたように思います。だからこそ、自分とは違う考えの子どもがいると、どうしてその子は違う考えなのか、違っているのはどこなのかを真剣に探ろうとします。また、自分の考えをまとめるために何か使えるものはないかと、いま目の前にある課題と、これまでに学習してきたこととを比較したり、関係づけたりしていました。

＊

これが、一つの正解を教えるのではなく、子どもたちが自分で考える、東菅小学校の授業です。このような授業がどうやってできるようになったのか、どんな取り組みをしてきたのかを、これから書いていこうと思います。

ただ、このような授業が行われる東菅小学校になるための取り組みは、単純なものではありません。いろいろな要素、いろいろな考えが重なり合ってできたものです。私の話もあちらこちらに飛んでしまうかもしれませんが、それらすべてが、東菅小学校にとって大切なこと。わかりにくい部分もあるかもしれませんが、どうぞお許しください。

ごく普通の公立小学校に全国から視察の先生が

東菅小学校のある川崎市多摩区の菅《すげ》地区は、川崎市の北部に位置し、JR南武線の稲田堤《いなだづつみ》駅、京王相模原線の京王稲田堤駅の2駅があり東京都内や川崎市中心部への通勤・通学にも便利なため、マンションや住宅の多い、ベッドタウンとなっています。

その一方で、農地も多く残されており、街のそこかしこに点在する梨畑も菅地区の特徴。東菅小学校の校章も、梨の花をモチーフとしています。

以前から住んでいる皆さん、最近になって越してこられた皆さんが混在している地域ですが、治安もよく、皆さん穏やかに暮らしていらっしゃいます。

菅地区には、菅、菅稲田堤、菅城下《しろした》、菅野戸呂《のとろ》、菅仙谷《せんごく》、菅北浦《きたうら》、菅馬場《ばんば》など「菅」のつく地名がいくつもあります。明治の中頃までは、これら全体が「菅村」だったのだそうです。

現在このエリアには東菅小学校のほかに、菅、南菅、西菅の各小学校があります。このうち菅小学校は、明治7年に神社の境内に建てられた「菅学舎」から始まります。菅村の人々の努力によって生まれた学校で、その運営、維持には地域の人々のさまざまな苦労によるところが大きかったと聞いています。

東菅小学校は昭和45年に、その菅小学校から分離する形で開校しました。菅小学校に比べれば新しい学校ですが、それまでの経緯もあり、地域の皆さんにとっては愛着ある小学校となっています。

さて、この東菅小学校が最近、さまざまなところで紹介されるようになっています。教育の専門雑誌に取り上げられたり、テレビのニュース番組の取材を受けたりしたこともありました。また、多くの教育関係の皆さんが全国から視察においでになります。ある市の市議会議員さんたちがマイクロバスを仕立てていらっしゃったこともあります。

ごく普通の街の、ごく普通の小学校がどうしてそんなに注目されるのかと言えば、子どもたちが自分で考え、自分で行動できる小学校だから……ということになるでしょうか。

令和2年度から小学校では、新しい学習指導要領に基づいた授業が始まります。今回の学習指導要領改訂で注目されていることの一つに、「主体的・対話的で深い学び」……いわゆるアクティブ・ラーニングがあります。

教師が一方的に教えるだけではなく、子どもたち自身が自分から学習に向かい、また、教師や子ども同士はもちろん、地域の人々や先人の知恵にも触れることで考えを広げ、深め、子どもたちの思考・判断・表現に結びつけていこうとする学習——ということでしょう。

東菅小学校ではこの新しい学習指導要領が実施される前から、授業方法の検討や改善といった、さまざまな取り組みを行ってきました。それがこの「主体的・対話的で深い学び」の先進事例として注目されるようになってきたのです。

子どもたちの発言だけで授業が進んでいく？

視察においでになった皆さんが東菅小学校の授業をご覧になって驚かれるのは、教師が指示や指名をしなくても子どもたちが発言し、展開していく授業です。

子どもたちの発言は、ただ思いつきを言い合うわけではありません。なぜ自分はそう考えるのか、根拠を明らかにしながら説明します。友達の意見と自分の考えが食い違うときには、「○○さんの考えと、ここは同じだけど、違っているところがあって……」と、整理しながら説明します。

うまく説明できない子どもを馬鹿にしたりすることもありません。むしろ、「○○さんは、こういうことを説明したかったんだと思います。」と、積極的にフォローします。

塾に通っている子どもにとっては、教師が示す課題に対する「正解」を述べることは簡単でしょう。しかし、子どもたちがめざしているのは――そして、「楽しんでいる」のは、「正解」を言うことではありません。課題を解決するためにはどうすればいいのか、その方法や考え方を探し、友達と話し合うことなのです。ですから、「子どもたちの力だけで授業がどんどん進んでいっている……」と見えてしまうのかもしれません。

もちろん、教師が本当にまったく指示も指名もしないわけではありません。いわゆるファシリテーターとして、必要な指示や指名を行いますし、授業すべてがこのスタイルというわけではありません。

それでも、東菅小学校の授業をご覧になった皆さんからは「これはすごい授業だ」「どうすればこんな子どもたちを育てることができるのか」「先生方はどんな取り組みをされたのか」「こんなにすごい学校をつくり上げるために、校長先生は何をされたのか」といった声をいただくこともありました。

結論から言えば、東菅小学校は、特別な学校ではありません。子どもたちも、とてもいい子たちですが、ごく普通の、公立小学校に通う小学生です。中学受験をめざす子どももいますが、大半は地域の公立中学校に進学します。

私自身、校長として特別なことをしたわけではありません。授業を見るのが好きなので、暇があると校舎のあちこちをうろうろして授業をのぞき、「もっとこうしたほうがいいなあ」と思うことがあれば、忘れずに伝えるようにしてはいました。でも、それだけでいまの東菅小学校ができあがったとは思っていません。「こういう小学校になったらいいなあ」という漠然とした思いはありましたが、どうしたらそれが実現できるのか、私は残念ながらその答えはもっていませんでした。

素晴らしい出会いには助けていただきました。

元川崎市立中原小学校校長の白井達夫先生や、大妻女子大学の石井雅幸先生をはじめ、多くの先生方にご指導いただき、貴重なアドバイスの数々を頂戴しました。

中でも、日本体育大学の角屋重樹先生には、現在の東菅小学校の柱をつくっていただいたと思っています。

詳しくは本書の後半をお読みいただくことになりますが、子どもたちに「すべ」を獲得させることが大切なのだということ、そして、「すべ」とは何なのかを私たちに繰り返し、本当に何度も繰り返して教えてくださいました。この、「子どもたちに思考の『すべ』を獲得させる」という考え方がなければ、東菅小学校の取り組みはここまでできることはありませんでした。

角屋先生のお考えになる「思考の『すべ』」と、「すべ」を取り入れた授業の実践については、本書の第2章・第3章をぜひお読みください。

そして何より、いまの東菅小学校をつくり上げたのは、東菅小学校の先生方、一人ひとりです。先生方の取り組みなしには、東菅小学校はありません。

決して平たんな道だったわけではありません。視察に来られた方々が「いままでに見たことのない小学校」と表現されるということは、誰もつくったことのない、つくり方もわからない小学校だということです。

すべての先生方にとって簡単なことではなかったと思いますが、特に中堅以上の先生方にとっては、そうとう大きな戸惑いがあったと思います。それまでご自身が積み上げてきたものを「ではないもの」に取り組まなければならないからです。中には「これまで私がやってきたことを否定するなんて!」と、腹を立てていた先生も実はいるんじゃないかなと、私は思っています。

若手の先生方も、楽だったわけではありません。これまでにない小学校、これまでにない授業ということは、見本がないということです。

まだまだ先輩教員の授業を見ながら学んでいかなければならない時期の先生方に、「見本はないから自分たちで生み出そう」と言うのは、ずいぶん酷なことです。もちろん周囲の先輩たちがフォローしてくれていましたが、それでも大変だったと思います。

いまだから言えることですが、白熱した会議の後や、節目節目の懇親会の席で本音を語り合ったときに、こらえきれずに涙を流した先生もいました。

そんな東菅小学校がどうやってできあがったのかを、東菅小学校は何をやってきたのかを、これから皆さんに紹介していこうと思います。

ただ、前にも述べた通り、「これをやったからできた」という決定的な何かがあるわけではありません。あえて言えば、先生方一人ひとりの取り組みの積み重ね——と言うしかありません。そのすべてを書いていたのではいくら誌面があってもたりませんし、むしろ散漫になってしまい、よりわかりにくくなってしまうでしょう。

そこで、私が語り部となり、東菅小学校の先生方がどんな取り組みをしたのか、どんな工夫や努力をしたのか、それによって東菅小学校がどう変わっていったのか、私の目を通して見たもの、聞いたこと、感じたことを書いていこうと思います。

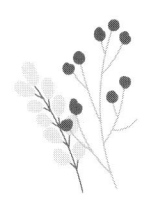

とても素直な
かわいい子どもたちなのだけれど…

東菅小学校に私が校長として赴任したのは、平成24年4月のことです。

東菅小学校に着任する前にも同じ多摩区内の小学校に勤務していましたのでこの小学校のことは知っていましたが、教諭の時代も含めてこの地区に赴任するのは実は初めて。さあ、どんな街なんだろう、どんな小学校なんだろう、どんな子どもたちに会えるんだろう、そして、どんな先生方が待っていらっしゃるのだろうと、ドキドキしながら校門をくぐりました。

始業式で初めて、東菅小学校の子どもたちと会いました。

第一印象は、「あ、かわいい」でした。良い意味で素朴で素直な子どもたちです。

川崎市は多摩川沿いに細長く、海側の工業地域から、商業が盛んな地域、住宅開発の進んだ地域、自然が豊かで農地が多く残る地域など、地域によって雰囲気が大きく異なります。かつて電機工場などが多かった武蔵小杉周辺は工場移転後の再開発でタワーマンションが立ち並びます。ですから公立の小学校も、学校による雰囲気の違いが大きいのです。

東菅小学校の子どもたちは、いい子ばかりでした。あいさつもきちんとできるし、先生の指示にもよく従います。休み時間にケンカをして大騒ぎ……などということもほとんどありませんでした。

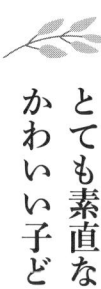

ただ、なぜか私には、それが少し、物たりなく感じました。

たとえば、全校児童が集まる週に一度の朝会。始まる前にざわついていても、先生方がちょっと声をかけると、すぐに静まります。先生の指示を聞ける本当にいい子たち……。

ところが、次の週の朝会でも、やはり先生に注意されるまではざわついています。そして、先生に注意されるとすぐに静まる。その次の週も、さらに次の週も……。

どうしてなんだろう。とても不思議に感じていました。

そしてある考えが浮かびました。

子どもたちは、先生から「静かにしなさい」と言われたからおしゃべりをやめたのです。「もうすぐ朝会が始まるから静かにしなくちゃ」ということに気づいて、静かにしたわけではないから、毎週毎週、同じことが繰り返されていた……のではないかと思ったのです。

よくあること、仕方のないことなのかもしれません。でも、「どうして静かにしなければならないのか」ということの意味を考えることもなく、ただ先生に言われたから静かにすることを繰り返しているだけでは、子どもの中に成長が見られないように思います。

教師の指示の仕方にも問題はなかったでしょうか。

もうすぐ朝会が始まるのに子どもたちがざわついている。
↓
「静かにしなさい。」と注意する。

←

子どもたちが静かになる。

もし、このことが毎週繰り返されているということに教師も疑問を感じることなく、毎週、同じ指示を出し続けていたのだとしたら……。

小学校で、朝会が始まるときにはおしゃべりをやめて静かにする目的は、その日の朝会を滞りなく行うためだけではありません。

朝会のように多くの人々が集まって一緒に何かをするときには、自分がおしゃべりをしたいからといっていつまでもしゃべっていたのではうまくいかない。周囲の状況や、会の進行なども見ながら、その場にあった行動をしなければならない――という基本的な生活習慣を子どもたちが身につけることも、学校でこういった集会を行うことの目的の一つだと思います。

その部分がついないがしろにされ、毎週毎週、同じ指示を繰り返しているのだとしたら……。

私はそこに、大きな問題が隠れているように感じました。

「教えること」が、授業なのか？

私が赴任した年、東菅小学校は改築工事の真っ最中でした。もともと2棟からなっていたうち、古いほうの1棟は解体し、新築。もう1棟は大幅にリニューアルして使用することになっていました。

私が赴任する前年に古い校舎の解体は終了。新しい校舎の建築が始まっていました。その間、子どもたちは校庭に建てた仮設のプレハブ校舎で過ごします。校庭や体育館、プールなどが使えないため、体育の授業はプレハブ校舎内の多目的室などを使用。水泳の授業は近くの丘の上にある川崎市立多摩スポーツセンターのプールで行いました。運動会は、やはり丘の上にある川崎市立西菅小学校の校庭をお借りしました。

そんな中で私は、各クラスの授業を見てまわりました。

先生方なら皆さんご存じのように授業は生き物。うまくいくときもあれば、なかなかそうはいかないときもあります。ベテランの先生、若手の先生といった違いもあります。

東菅小学校の授業は、特に大きな問題があるというわけではなく、ごく普通の授業でした。先生方はさまざまな工夫をされ、わかりやすい授業をめざしていらっしゃいます。子どもたちも、ごく普通に授業を受けています。

でも……。これで本当にいいのかな、という疑問がわいてきました。

先生が課題を示し、子どもたちがその解決方法を考える。正解が見つかったところで先生がまとめ、確認する……。ごく当たり前の授業です。

ただ、「解決方法を考える」といっても、多くの場合、クラスの数人は、その解決方法を知っています。教科書を先に読んでいたり、塾で習っていたりして、知っているのです。ですから、どうしてもクラスの中の決まった子どもが「正解」の意見を言い、それを先生が確認し、授業が進んでいきます。

実質的には、「教師が課題を示し、その解決方法を教える」のと、そう大きな違いはないのではないかと思いました。

もちろん、それが間違いだとは言えません。指導事項を教師が児童に教えるのですから、それでいいはずです。

しかし、そこで私はふと、朝会のことを思い出しました。教師の指示で静かにした子どもたち。でも、朝会で静かにすることの意味は、理解できていなかった……。

この構図を授業にあてはめてみたらどうなるでしょう。

教師に教えられた児童は、「教えられたこと」は覚えるでしょう。でも、それだけで終わってしまうかもしれません。

整数のわり算の方法を教わり、覚える。次に分数のわり算の方法を教わり、覚える。「わり算」の方法を理解したようにみえます。でも、この繰り返しの中で子どもたちは本当に「わり算」を理解したと言えるのでしょうか……。

先生たちと一緒につくった新しい学校目標

着任から2か月ほどたったころ、私はこの学校の先生方から学校や地域についての話を聞くことにしました。先生方が東菅小学校をこれからどうしていきたいと考えているのかを捉え、それをもとに、東菅小学校がめざす「目標」をつくろうと考えたからです。

その中からは、地域の皆さんがとても協力してくださっているという話も出てきました。

昭和45年の開校当初は、体育館も校庭も未整備。見かねた初代ＰＴＡ会長をはじめ地域の方々が手弁当で、トラックのベ１００台分もの土を運び、校庭や観察池をつくってくださったのだそうです。また、殺風景な校庭では子どもたちがかわいそうだと、あちらこちらから苗木をもらってきては、植えてくださったのだとか。

それから40数年。見慣れた校舎が取り壊され、校庭の木の何本かはやむを得ず伐採されました。手づくりの観察池はつくり変えられることになり、東菅小学校を巣立った子どもたちみんなが登った校庭の「わんぱく山」も崩されました。改築で校舎が新しくなるのは喜ばしい一方、どんどん「自分たちの知っている東菅小学校」ではなくなっていくようで、さみしさを感じている方々も少なくないことを知りました。

言うまでもないことですが、小学校の学校経営には地域との連携が不可欠です。改築後もこれまで同様のつながりを守っていくことができるように努力を続けなければならないなと、あらためて思いました。

話を元に戻しましょう。

これまでの東菅小学校、いまの東菅小学校、これからの東菅小学校について、先生方から、さまざまな考えを聞かせていただきました。

その中で、共通していることが一つありました。それは、私が着任当初に感じたこととも共通していました。

子どもたちがとても素直なのはいいのだけれど、「自分で考える」「自分の考えをもつ」「自分の考えを主張する」という部分が弱いのではないか――ということです。

もしかしたら、白いものを見せられているのに、「これは黒だよ、黒いんだよ」と言われたら、「はい、これは黒いです」と言ってしまうのではないかという危うさを感じるときがあるんです……こんなことをおっしゃる先生もいました。

これからの時代に……というか、いつの時代にも言えることだと思いますが、安易に周囲の声に流されず、自分の考えをしっかりもつということは、人生において大切な力だと思います。たとえ先生や友達が「これは黒だ」と言っても、自分が白く見えるのであれば「いいえ、私には白く見えます」と、きちんと言えることが大切なのです。

これは、「我を張る」ということではありません。周囲に何と言われようとも自分にとって白く見えるのであれば、「白く見える」と言うことが事実です。そのことを伝え、「みんなにとっては黒く見えるものが、私には白く見えるのはどうしてだろう」ということを考えることが大切だという意味です。

「『これは黒だ』と言われたから黒なんだ」というところで考えをとめてしまうこととの大きな違いが、そこにはあるのです。

東菅小学校には開校以来、「かしこく・やさしく・たくましく」という学校目標があります。いつの時代にも通用する、子どもたちの成長のしるべとしてとてもいい言葉だと思います。

ただ、東菅小学校の子どもたちの現状を踏まえ、私たち教員が何をめざすべきなのかを考えたとき、「かしこく・やさしく・たくましく」に加え、もう少し具体的に示すものがあったほうがいいように感じました。

近年、私たちを取り巻く社会は大きな変化が続いています。これまでの暮らしの在り方そのものを問うかのような大きな自然災害にも相次いで見舞われました。また、社会、経済、文化、国際関係、科学技術……どの分野においても変化は激しく、「先行き不透明」という言葉であらわされるようなことが、随所で起きています。

このような時代にも、子どもたちにはたくましく未来を切り拓いていってほしい――この考えも、東菅小学校の先生方に共通の思いでした。

そこで、先生方と話し合う中で、新たな学校目標が生まれました。それが、

豊かな心をもち、たくましく未来を切り拓く力の育成

でした。

自分たちを変えるためには外部の目も必要

さて、新しい学校目標ができました。これで東菅小学校がどんどん変わっていった……わけではありません。

あえてきつい言葉で言えば、何も変わりませんでした。

もちろん、先生方がさぼっていたわけではありません。先生方は常に、授業をよくしよう、改善していこうということを考え、さまざまな努力や工夫を積み重ねています。

しかし、「豊かな心をもち、たくましく未来を切り拓く力の育成」が新しい目標として掲げられたからといって、何をどう変えればいいのかがわかりません。そもそも「豊かな心」とはどんな心なのか、「たくましく未来を切り拓く力」とはどんな力なのか、そこから考える必要があるのです。

そこで参考にさせていただいたのが、東京都町田市立鶴川第二小学校の取り組みです。鶴川第二小学校は国立教育政策研究所の指定を受け、全国でもまだ少なかった「思考力の育成」に取り組んでいらっしゃったのです。

町田市鶴川とは、都県境をはさんでいるとはいえ、6キロほどしか離れていません。多摩丘陵の北東側に東菅小学校が、南西側に鶴川第二小学校があるという位置関係です。

たまたま鶴川第二小学校の校長先生が知り合いだったため、お願いして授業を見学させていただきました。また、研究公開があるたびに、先生方がかわるがわる見学をさせていただきました。当時、東菅小学校に在職していた先生は、ほとんど全員が、一度は鶴川第二小学校の見学に行っていたと思います。

鶴川第二小学校には、本当にさまざまなことを勉強させていただきました。

実はそれまでの東菅小学校では、他校の研究公開を見学に行ったり、外部から講師を招いてアドバイスを受けたりするといったことをあまり行ってこなかったのだそうです。日々の仕事は山ほどありますし、時間もなかなかありません。外部から誰かをお招きするためには、その人選から始まり、先方との交渉、日程調整、校内での調整など、意外と大変なのです。ついつい、その機会が少なくなっていくのも無理はないと思います。

ただ、私はこういった刺激を受けることはとても大切なことだと思っています。出口が見つからずにずっと堂々巡りで考えあぐねていたことが、見学に行った授業を見ていて、急に霧が晴れたようになることがあります。また、「これで大丈夫」と安心していたのに、指摘を受けてハッとすることもあるからです。

もう一つ大切なことは、いろいろな方の意見や考え方に触れていると、自分の考え以外のことからもどんどん吸収しようという習慣がつくということです。反対に、そういった機会が少ないと、ついつい自分たちの殻に閉じこもってしまいがちになり、ほかからの意見を取り入れにくくなってしまいます。東菅小学校にも、ほんの少しですが、そういったところがありました。だから私は、一生懸命先生方を研究会に誘ったり、外部の先生をお招きしたりしました。

ベテランの先生のつぶやき
「私たちは、教える授業をしていたんですね…」

平成24年度、東菅小学校の校内研では、算数をやることになりました。私が算数の研究推進校から赴任してきたので、じゃあ算数にしようか……というところがあったようです。

東菅小学校の算数の授業は、ごくごくオーソドックスなものでした。

まず先生が課題を示し、その問題を解くための式を考えます。そして、どうしてこの式ができたのかを説明させるという流れです。

私はこれに、

「式は、最後でいいんじゃない?」

と、異をとなえてみました。「式を考える」前に、「どうすればその問題を解くことができるのか、課題を解決することができるのかを考える」ことを行うべきなのではないかと思ったからです。

これに対しては、先生方からたくさんの反論がありました。

「式を考えるということは、問題をどうやって解くかを考えることにほかならない。だから、『式を考える』ことも、『問題をどうやって解くかを考える』ことも、同じではないか」

というものです。

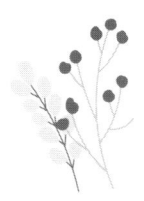

確かに両者は似ています。しかし、決定的な違いがあります。「式」から求められる正解は一つです。一方、問題を解く方法には何通りもの答えがあります。もちろんその中には非効率的

すぎて現実的には使えないようなものも含まれているでしょうが、それでも正解には違いありません。子どもたちは問題をあらゆる方向から検討し、自分のもっている知識を総動員して問題を解く方法を考えます。友達が先に何らかの方法を見つけても、それで終わりではありません。もっとほかの方法があるかもしれません。まさに、子どもたちが「思考する」授業になるはずです。

確かに、「どんな式になるでしょう」と問いかけた場合でも、「どうすれば解けるかな」と子どもたちは思考します。しかし、「式」というゴールの形式が決められているので式に結びつかない方法は初めから除外されてしまいます。また、誰かが「正解」の式を見つけたら、ほかの子どもたちの思考はそこで停止してしまいます。そして、その問題と式の意味を「教わる」のです。

どちらの問いかけでも、できる子どもにとっては共通している部分もあるでしょう。しかし、それ以外の多くの子どもたちにとっては、式を問われた場合、自分で考えて答えを見つけ出すのではなく、実質的には正解を「教わる」ことになるのです。

この年、私はことあるごとにこの考えを話しました。

回を重ねるにつれ、次第に「私たちの授業は、このままでいいのだろうか」「子どもたちは授業の中で『思考』しているのだろうか」と考える先生方が増えてきました。

私が東菅小学校の子どもたちに初めて会ってから1年がたとうとしていました。

ある日の研究推進会の席上、一人のベテランの先生がこう発言しました。

「私たちの授業って、教える授業だったんですね。子どもたちに考えさせる授業じゃなかったんですね。」

数日後、「何とか卒業式までに……」とがんばってくださった皆さんのおかげで、改築工事もぎりぎりで完了。新しい校舎から最初の卒業生たちが巣立っていきました。

「おもしろそうじゃない。どんどんやってみようよ」

平成25年4月、東菅小学校は改築された新校舎で初めての新入生を迎えました。先生方も、気持ちを新たにスタートです。

いまでこそ、全国から視察に来ていただけるような学校になりましたが、このころはまだまだ、もがき苦しんでいた……というより、いまから思えば、やっともがき始めた時期でした。

子どもたちの思考力を高めるということがテーマとなっていましたが、そもそも思考力とは何なのか、子どもたちが考えるとはどういうことなのかをつかむために、先生方も私も、四苦八苦していました。

校舎の改築にあたっては、動物の飼育小屋も新しくなりました。立派な飼育小屋ができあがったのですが、動物は何もいません。空っぽなままです。

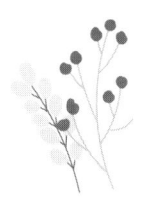

「せっかく飼育小屋が新しくなったのに、何もいないなんて、さみしいわよね。でも、新しい動

物を購入するには予算もたりないし……。」

そんなことを話していたら教頭先生が、毎年移動動物園でお世話になっている福田牧場と連絡をとってくださいました。

「校長先生！　福田牧場さんが、ウサギを何羽か譲ってくださるそうです。」

と、うれしいニュースを運んできてくれました。

ところがそのあとは、ウサギがやって来る日が近づいても何の話もありません。私も待ちきれなくなって、ついつい口をはさんでしまいました。

「ねえねえ、もうすぐウサギがくるけど、何もしないの？　空っぽの飼育小屋に、ある日突然ウサギが入っているって、子どもたちも戸惑うと思うんだけど……。」

すると先生たちが急に慌ただしくなりました。

「ウサギが来るから何かやれって、校長先生が言ってる。」

「何をすればいいの？」

「うーん、よくわからないけど、歓迎会とかじゃないかな……。」

といったやりとりがあったようです。

先生方が大急ぎで準備してくださったおかげで、朝会で「新しい仲間が入ったよ」という歓迎会が開かれました。ウサギたちは子どもたちの大歓迎のもと、東菅小学校の新しいメンバーになりました。

しかし私は、少しさみしい気持ちもしていました。あのとき私が言い出さなければ、飼育小屋はいまでも空っぽのままだったかもしれません。あるいは、「何だかわからないけれど、いつのまにかウサギがいるね」といったことになっていたかもしれません。

「できれば私が言い出す前に、話をもち出す先生がいてほしかったな」

と思っていたからです。

でもこれは、東菅小学校の先生方が悪いわけではありません。

いま、小学校の先生方は本当に大忙しです。朝早くから夜遅くまで、それこそ大車輪で仕事をされています。毎日の授業と日常業務だけでもそうなのに、学校では四季折々にさまざまな行事があります。その準備がもう大変です。

加えて、学校ではときどき「突発的な問題」が発生します。子どもたちが大勢

新しい仲間になった２羽のウサギ

いれば、本当にいろいろなことが起きるものだということは、教員を経験されたことのある皆さんだったら、心の底から同意してくださると思います。そういった「思いがけないトラブル」の対応も先生方が行わなければなりません。

もちろん、教材研究や授業研究など、授業の準備にも時間が必要です。教科書の内容は変わらなくても、その学年の、そのクラスの状況に応じて授業は変えていかなければなりません。少しでもわかりやすい授業、子どもたちの力を伸ばすことのできる授業にするために、工夫と改善を重ねていく必要もあります。

先生方は本当に時間のない中で、ぎりぎりの状況で仕事をしています。余裕のない状態です。また、学校という組織そのものも、新しいことを始めにくい雰囲気をもっています。「こういうことをやってみたいな」と思っても、「前例がないし……」「いままで誰もやったことがないから……」と、ついついあきらめてしまうような空気があります。

このような中で、「新しいことにチャレンジしようと思わないのは怠慢だ」などとは思いません。多くの先生方は、チャレンジしたいという気持ちがありながらも、さまざまな事情であきらめざるを得ないでいるのですから。

そのことは本当に理解していますが、あえて私は先生方に言うのです。

「それ、おもしろそうじゃない。いいよ、どんどんやってみようよ」と。

授業や子どもたちに対するワクワク感を大切にしたい

こんなことがありました。

ある日の放課後のことです。その日は私も仕事が切り上げられず、夜の8時すぎまで学校に残っていました。ふと気がつくと、職員室が何だか騒がしいので様子を見に行ってみると、「校長先生、これから一緒にメダカを獲りに行きましょう」と言うのです。

聞いてみると、これから行う「メダカの育て方」の授業について学年で話し合っているうちに、ペットショップなどで売っているヒメメダカではなく、野生のクロメダカを用意しておいたら、子どもたちの関心も高まるし、理解も進むんじゃないか——という話になったのだそうです。

ある先生が「うちの近所の池に、自然のメダカがいる。それを獲ってくればいいんだ」ということを言い出し、「それはいい！　行こう、行こう！」と盛り上がっているところに私が顔を出し、まんまと巻き込まれた……というわけだったのです。

なんだかわからないまま、車に乗せられて夜道を走るうちに、私はだんだん不安になりました。自然のメダカといったって、本当に勝手に獲っていいものでしょうか。それに、いまの時代の東京近郊に、どこも管理をしていない完全な自然の池があるとも思えません。手続きも許可もなく獲ってしまったら、最悪の場合、犯罪ということになってしまうのでは……。言い出しっぺの先生も、その池の所有や管理がどうなっているのかをはっきり知っているわけではなさそうです。車内は盛り上がっていますが、私は心配がつのります。授業のために法を犯すリスクを承知でメダカを獲るべきか。でも万が一そのことが明るみに出てしまったら……。

結論を言うと、メダカは獲りませんでした。というより、獲れませんでした。当たり前です。夜釣りじゃあるまいし、闇の中で、池のメダカを網ですくうことなんて、できるはずがないのです。懐中電灯で照らせばメダカはすぐに光の届かない方へと逃げてしまいます。私たちは夜の池のほとりで大笑いをしました。

さすがにこれは無謀な思いつきでしたし、もし本当に獲ってしまっていたら大きな問題になってしまっていたことでしょう。「夜陰に紛れてメダカを獲りに行く」といういたずらめいたところでちょっと盛り上がりすぎてしまったようです。思いついたのが昼間だったとしたら、冷静に「それはさすがにまずいだろう」と、最初から判断できたと思います。

でも、正直に言いますが、メダカ獲りに誘われたとき私はワクワクしていました。明日の朝、登校してきた子どもたちがメダカを見つけたら、なんて言うだろう。喜んでくれるかな。授業はどうなるだろう……そんなことを考えていたからです。

いまの時代、教師という仕事は本当に大変です。でも、その中でもときどき、こういうワクワク感を仲間と共有することができたら、それが教師を続けていく原動力になるのではないでしょうか。

だから、こうやったらおもしろそうだな、と思うことがあったら、どんどんやってみるべきだと私は思います。もしうまくいかないようなら、すぐにやめればいいのです。子どもたちに

「ごめん、こうすればわかりやすいと思ったけど、かえってわかりにくかったね。ちょっとやり方を変えさせてね」と謝ればいいだけのことです。

ほかの学校の、気になる取り組み、見てみたい授業があるのなら、どんどん見学に行くべきです。もしかしたら期待とは違ったということもあるかもしれませんが、それでもそこには必ず気づきの種が何かあるはずです。

もちろん事前に周囲に相談することは必要だと思います（メダカを勝手に獲ってしまわないためにも）。でも、相談前からあきらめてしまう必要はありません。また、やってみたいんだということを本気で言えば、相談された先生も、その意気をくみ取って何らかのアドバイスをしてくれるはずです。

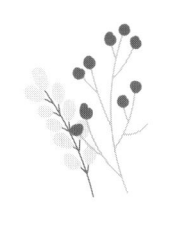

読みたいときに読みたい本を手に取れる読書環境を整える

新しく掲げた学校目標「豊かな心をもち、たくましく未来を切り拓く力の育成」の実現に必要なものは、授業改善だけではありません。

たとえば、読書環境の改善も大きな意味をもってくると思います。

読書をすることによって子どもたちは、自分たちの日常生活だけでは出合うことのできないさまざまなことを「体験」したり、多くの人々の考えに触れたりすることができます。これは子どもたちが「豊かな心」をもつことにつながります。

また、「未来を切り拓く」という意味では、過去や現在のものも含めて多くの知見を得ておくことが大切です。

このように読書は、東菅小学校の新しい学校目

木のぬくもりが感じられる図書室

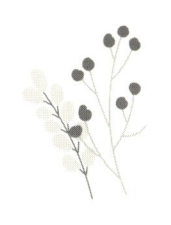

標と密接に関わっているわけです。

子どもたちに読書を勧めるのも大切なことですが、子どもたちが本を手に取りやすい環境、必要なときに必要な本が身近にある環境を整えておくことも、読書の習慣づくりではカギになってくると思います。

東菅小学校の改築工事では、一般の教室やアリーナ（体育館）、職員室、給食室などがある「セントラル棟」を新築。理科室や図書室などは、旧校舎の一部を改築した「イースト棟」に設置しました。

イースト棟は、改築といっても大幅なリニューアルが施され、新築のセントラル棟にも見劣りしません。内装はセントラル棟と同様に木がふんだんに使われ、やさしい雰囲気に仕上がっています。

イースト棟の1階にある図書室は、元は2つの教室でしたが、壁の一部を撤去。主に書棚のある

廊下に設置された図書コーナー。あえて高学年の子どもに『スイミー』の再読を勧めている。

スペースと、本を読むスペースとに分けました。

図書室は本の貸し出しや読書指導などに使われるほか、ＰＴＡのボランティアによる読み聞かせも行っていただいています。読み聞かせは、特に低学年の子どもたちにとっては、本に親しみをもつ貴重なファーストステップとなっています。

一方、子どもたちが本と触れ合うのは、この図書室だけではありません。各教室には学級文庫が置かれ、気軽に本を手に取ることができますが、これは、ほかの小学校でもよく見られることです。ただ、東菅小学校の場合は、本が置かれているのは教室だけではありません。空き教室や廊下のちょっとしたスペースなど、あらゆるところに本が置かれています。

改築にあたっては、教室だけでなく廊下にも広々としたスペースを確保することができました。この空間を利用しているわけです。（14〜16ページ参照）

これらの場所に置かれる本は、その時期の授業内容や学校行事、社会の出来事などに合わせて、ひんぱんに入れ替えられます。中には小学生向けというよりも一般向けのちょっとレベルの高い本が並んでいることもあります。担任の先生が、「これはぜひ読んでほしい」と持ってきたのでしょう。すべての子どもがこういった本を読みこなせるわけではありませんが、読書が好きな子どもや、よりハイレベルな知識・情報を求める子どもにまで、「小学生だから」といって、小学生向けの本だけを用意しておくのはもったいないことです。

休み時間などには、校庭を元気に走り回る子どもたちがいる一方、教室や廊下で、こういった本をむさぼるように読んでいる子どもの姿も多く見られます。

平成25年度は、現在の東菅小学校につながる、風土づくりの年だったなと、いまにしてみれば思います。

まず、川崎市教育委員会の授業力向上支援事業研究協力校の指定を受けました。これは、川崎市が取り組んでいる「かわさき教育プラン」の一つで、これまでの校内研究・研修の在り方を見直し、同僚性を生かして学校全体の指導力向上に役立てようというものです。まさに東菅小学校にぴったりのもの。この協力校の指定を受けたことが、東菅小学校での取り組みの本格化に結びついたと言っていいと思います。

積極派、慎重派……いろいろなタイプの先生がいていい

そのような中で、「豊かな心をもち、たくましく未来を切り拓く力の育成」という新しい学校目標が少しずつ浸透していきました。

もっとも、「こんな授業をやってみたいんです。」と意気込む先生がいる一方で、淡々と、これまで同様の授業を続ける先生もいました。

私は、それはそれでいいと思っていました。

全国でもまだまだ先進事例の少ない「子どもたちの思考力を育成する」学校づくり。どんな取り組みをすればいいのか、正解が見えているわけではありません。盛り上がりすぎて自分たちが見えなくなってしまうと、向かっている方向が正しいのかどうかさえ、わからなくなってし

まいます。

また、人間にはいろいろなタイプがあります。「これはいい！」と思うとすぐに飛びつく人もいれば、「良さそうだぞ」と思いながらも慎重に時間をかけて見極めようとする人もいます。どちらがいいというわけではありません。いろいろな人がいるからこそ、全体のバランスがとれるのだと思います。

また、こういったことは無理やりやってもらったのでは、うまくいかないもの。「納得はできないけれど、言われたからやっている」という状態ではなかなかうまくいきません。子どもたちの「自分で考える力」を伸ばすための取り組みを行っているのに教師が自分では考えない――という、おかしなことになってしまいます。

「来るものは拒まず、去る者は追わず」という言葉があります。「去る者」というわけではありませんが、この取り組みにまだ積極的になれずにいる先生を、無理に追うことはしませんでした。

いつかきっとわかってくれるはず。それまでは静かに待とう……そう思っていました。

子どもたちに「すべ」を獲得させる取り組みがスタート！

平成26年度は、東菅小学校にとってさらに大きな節目の年となりました。

まず、これまでの取り組みが認められ、この年に川崎市教育委員会の教育課題（思考力の育成）研究推進校の指定を受けました。研究テーマは「理数教育を中心にして、思考力の育成を図る」。「思考力育成」が、いよいよ本格的に私たちの研究課題として認められたわけです。このときの研究推進校指定は平成26・27年度の2年間でしたが、その後再指定を受け、28年度以降も指定校となっています。

研究推進校となって、外部の専門家を定期的にお招きすることが可能となりました。そこでお願いしたのが、鶴川第二小学校の研究にも携わっていらっしゃった、現在は日本体育大学大学院教育学研究科長の角屋重樹先生です。

角屋先生は当時、国立教育政策研究所教育課程研究センター基礎研究部部長で、21世紀型学力や教育課程について研究されるとともに、小学校での「思考力育成」についての研究指導にあたっていらっしゃいました。

私はそれまでにも何度か角屋先生の講演などをお聞きする機会がありましたが、角屋先生の話はとてもわかりやすく、質問にも丁寧に答えてくださっていました。

角屋先生が子どもたちの思考力育成のために提唱されていたのが「すべ」です。鶴川第二小学校を見学していたころから「すべ」という言葉はお聞きしていましたが、実際の取り組みの中で「すべ」を意識した授業を行うようになったのは、この年からです。

ところが、いざ取り組んでみると「すべ」とは何なのか——という部分で、早くもつまずいてしまいました。

「すべ」を、ある種の手法や方法のようなものとして捉えれば、それを子どもたちに「教える」ことになります。

しかしそれでは、子どもたちは「テクニック」を習得したにすぎません。その方法を使って解く課題や問題には対処できるでしょうが、それは「思考力」とは別のものです。「思考力」というからには、限られた問題だけに使えるものではなく、幅広く汎用性のあるもののはずです。

また「獲得」させるということは、最終的には子どもたち自身が、自分の意思によって、自分のものとしなければなりません。

これまでも書いてきたように、「思考力育成」や『すべ』を獲得させる授業」は、先行事例がほとんどありません。角屋先生の指導を受けているとはいえ、何をどうすればいいのか、先生方は苦労の連続でした。

角屋先生の提唱される思考の「すべ」にはさまざまなものがありますが、いっぺんにそれらすべてを扱うのはさすがに無理があります。そこで初年度である26年度は「比較」「関係づけ」「既習」「話型」をとりあげることにしました。

まず、「比較」という思考の「すべ」について説明しておきましょう。

「比較」とは文字通り、ものごとを比べることです。「比べる」ということ自体、私たちは日常的に行っています。「今日は昨日より暑い」「各駅停車よりも特急のほうが早い」といった具合です。日常的に使っているからこそ、「これが、どうやったら思考力育成につながるの？」と思う方も多いと思います。

一般的に「比較」は、2つ以上の事柄の違いを明らかにするために行います。思考の「すべ」ではそれに加えて、「あるものごとについて、より明確に説明したり、特徴を明らかにしたりするため」という側面も強く意識します。

たとえば、「食塩は水にどのように溶けますか」という問題に対して、「よく溶けます」だけでは、よくわかりません。ミョウバンと比べるとどうなのか、異なる温度の水と比較するとどうなのかなど、「比較」という「すべ」を使うことによって、食塩を水に溶かしたときの特徴を、より具体的に捉えることができます。

また、詩の学習であっても、一つの詩だけをあつかっていたのでは、「優しい感じの詩」「楽しい詩」といった漠然とした捉え方になってしまいがちです。

しかし、複数の詩を比較すると、「Aの詩は、Bの詩よりもテンポよく感じる。その理由は何だろう」「Cの詩とDの詩は同じものについての詩なのに印象がまったく違うのはどうしてだろう」など、思考を深めることができるのです。

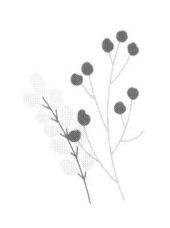

小学生に思考の「すべ」を獲得させるのは無理なのでは……?

ここまでは比較的簡単に理解することができるのですが、これを授業に取り入れ、しかも子どもたちの思考の「すべ」にしていこうとすると、急にハードルが上がります。

たとえば、「AさんとBさんの身長を比較すると、どのようなことが言えるか」といった課題の場合、

・AさんはBさんより背が高い。
・BさんはAさんより背が低い。

――という2つの言い方ができます。

どちらも同じことを表しているのですが、子どもたちは混乱します。結局何を考えさせたいのか、授業の目的も不明確になってしまうといったことが頻発してしまいました。

「やっぱり、小学生に『比較の方法』を獲得させるなんて、無理なんじゃないか……」

そんな空気も漂い始めたある日の研究推進会でこれからどうしたものかと話し合っているときに、一人の先生がハッとしたように叫びました。

「『基準』ですよ！　比較には基準が必要なんですよ！」

突然のことで、周りは一瞬、ポカンとしてしまいます。

「単純に『AとBを比べてみよう』と言うから、いろんな言い方ができてしまい、混乱するんです。たとえば、『Aをもとにして考えたら、Bはどうなっているかな』と、どちらを基準にして考えるのかを明らかにしてあげれば、子どもたちも思考の方向で迷うことはなくなりますよね。思考の『すべ』としての『比較』には、『基準』が大切なんですよ！」

言われてみれば、確かにそうです。「とにかく比較すればいい」のではなかったのです。

「基準」の必要性に気づくまでに時間がかかってしまった私たちの「比較」の研究ですが、この経験は決して無駄にはなりませんでした。「比較」を子どもたちに獲得させるときには、一緒に「基準」の考え方ももたせる必要がある。でも、そこが見落としやすい――ということが、自分たちの経験を通して蓄積されたからです。

5年生では北原白秋の「からたちの花」を学習しますが、その特徴を見出しやすくするために、ほかの詩を示して比較させる授業もありました。このとき、子どもたちに自由に発言させていると、「からたちの花」の特徴ではなく、比較対象として示した黒田三郎の「紙風船」の特徴まであげ始めてしまいます。やはり、目的は「からたちの花」の特徴を見つけることであることや、そのために「紙風船」を基準として、「からたちの花」はどこが違うのかをさがしてみよう……と、議論を整理し、「比較」には「基準」が必要なのだということを子どもたちに伝えることができました。

「すべ」を獲得させることが最終目的ではない

「すべ」に関する学習で注意しなければならないのは、子どもたちに「すべ」を獲得させることが最終目的ではないということです。目的はあくまでも、「子どもたちの思考力の育成」です。「すべ」を獲得させるのは、「すべ」を使うことでスムーズに思考活動を行うことができたり、思考の幅が広がったり、より深く思考できるようになったりするからなのです。

ですから、「比較」という「すべ」を子どもたちに獲得させて終わりなのではなく、まったく異なる課題に出合ったときに子どもたちが、「比較してみたらどうだろう」「何かと関連づけられないかな」「いままでに学んだこと（既習）が使えないかな」……と、自分から考えることのできる状態、考えようとする姿勢こそが、私たちのめざすべきものだと思います。

「思考」にマニュアルはありません。いままで出合ったことがない課題、未曽有の事態などに直面したときにでも、自分はどうするのかを考え、判断することが「思考」です。どんな事態にでも対応できる万能なマニュアルがあり得ないのと同様に、「思考の『すべ』は、全部でこの○個」などと数を限定することはできないのです。

また、一つの課題を解決するとき、使うことのできる「すべ」が決まっているわけではありません。課題の解決方法はさまざまな方向から考えることができるのですから、どんな「すべ」を使っても構わないのです。授業である課題と「すべ」とを関連づけて取り上げるのは、その「すべ」の特徴や使い方を子どもたちに体験させ、獲得の機会とするためです。「課題や問題の解決方法」そのものを教えるのとは、この部分がまったく異なります。

「当たり前」をやめて若手に研究主任を託す

教育課題（思考力の育成）研究推進校の指定を受けて2年目の平成27年度、「『比較』には『基準』が必要だ」と言った彼女に、校内研の研究主任を任せることにしました。子どもたちに「すべ」を獲得させることの大切さと難しさを、校内で最初に感じたのが彼女だと思ったからです。

しかし、異論も聞こえてきました。「早すぎる」と言うのです。彼女は教員になってまだ6年目。その若さで校内研の研究主任を任されるのは異例だと言っていいでしょう。

東菅小学校に限らず、校内研の研究主任は、30代半ば～40代の、いわゆる中堅の先生が務められることが多いと思います。研究主任の仕事は、「研究」そのものだけではなく、学校の先生方による研究全体を統括し、関係各方面との調整を行い、先生方がスムーズに研究を行うことができるようにするためのさまざまなことが含まれます。そういった部分が、経験の少ない若手の先生には荷が重いと判断することが多いからでしょう。

そういった側面は確かにあると、私も思います。しかし、それが絶対に必要ということもないように思います。多少ぎくしゃくすることはあるかもしれませんが、それは周りがフォローできないこともありません。

若手の先生に研究主任は無理――は、「当たり前」のことかもしれません。でも、いままでやったことのない「思考力の育成」の研究を行うのですから、優先すべきことはこれまでの経験の量ではなく、いままで経験したことのない状況に対しても新しい発想をもって、果敢に向かっていける実践力なのではないかと、私は思ったのです。

「当たり前」という考え方はときとして、私たちの発想に枠組みをつくってしまいます。しっかりと考えることなしに「当たり前だから」という理由だけで流され、あいまいなまま判断し、行動してしまっていることが多いように思います。特に教育に関する研究では「理論」が先行することが「当たり前」になっている部分がありますが、まずは「実践」を積み重ね、必要ならばそれを踏まえて「理論」を組み立てるべきだと考えています。

「わからない子ども」が中心になる授業とは

平成28年度には、引き続き川崎市教育委員会教育課題(思考力の育成)研究推進校の指定を受けたほか、川崎市教育委員会　理科教育研究推進校と、国立教育政策研究所　理科実践協力校の指定も受け、私たちの研究はいよいよ本格化していきました。

東菅小学校の研究ではその当初から、「わからない子どもが中心になる授業をつくろう」という目標が、先生たちの中にありました。

これまでの授業は、ともすると「できる子」が中心の授業になってしまいがちでした。教師が示した課題に対して「正解」を答えることができた子が中心になるのです。「一部のできる子によって授業が進んでいっている」といった問題提起は、東菅小学校に限らず、あちこちで聞かれます。

この章の初めのほうで「教え込む授業」からの脱却について述べましたが、「教え込む授業」の弊害の一つが、「できる子」が中心の授業とも言えるでしょう。

しかし、思考力を育成するための、子どもが考える授業では、「ここがわからないけど、どうすればいいんだろう」「これは、いままでの考え方ではできないよ」といった、問題を提起する子どもが授業の中心となります。「正解」を答えることができるだけでなく、どうして自分はそう考えるのかを説明することが求められるのです。

東菅小学校の授業では、「わからない」ことや、「間違える」ことは、決して恥ずかしいことではありません。「ここがわからないんだけど……」と言えば、ほかの子どもたちが「それはね……」と、その子がわからない理由を一緒に考えてくれます。うまく説明できずに言い淀んでしまっても、「きっと○○さんは、こう言いたかったんだと思います」とフォローしてくれます。

先生たちも、子どもから「わからない」と言われたときに、怒ったり、がっかりしたりしたような表情を見せたりはしません。

「○○さんは、ここがわからないって言ってるよ。もしかしたら、ほかにもわからない人がいる

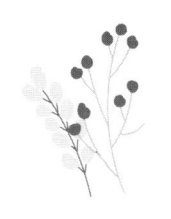

かもしれないね。じゃあ、もういちど一緒に考えてみよう。○○さん、『わからない』と言ってくれてありがとう！」と答えます。

「わからない」ということは決して恥ずかしいことではない――この考え方は、きっと多くの方に理解していただけると思います。ただ、実際の授業の中でこの考え方がどれだけ実践されているか……。

「先生、わかりません！」と言ったときに、「そうか、ありがとう！」と言ってもらえたら、子どもたちは臆せずに「わからない」「できない」ということを表明できるはずです。「みんながわかる授業」は、それが繰り返されていくことによって成り立っていくのではないでしょうか。

「すべ」を「獲得させる」と「覚えさせる」の違い

「比較」から始まった東菅小学校の「思考の『すべ』」を取り入れた思考力育成の授業ですが、「関係づけ」「既習」「話型」など、さまざまな「すべ」を取り上げるようになってきました。

ただ、この段階でもまだ先生たち（私も含めて）は、「すべ」のことをきちんと理解してなかったのかもしれません。「比較」や「関係づけ」といった「方法」を子どもたちに獲得させることをめざしてはいましたが、正直に言って「獲得させる」と「覚えさせる」との違いをあまり意識できてはいませんでした。

そんなある日、一人のベテランの先生が興奮気味に私に言いました。

「以前は授業中に『すべ』が使えるような場面になると、『ここって、比較が使えるんじゃない』といった具合に、私が『すべ』に誘導していることがよくありました。子どもが無意識に『すべ』を使っているときに『それって、関係づけの考え方だよね』と価値づけたりすることもありました。ところが最近、授業中に子どもたちから『ここって、比較して考えればいいんじゃないかな』とか、『それは、前に学習した○○と関係づけて考えると……』といった具合に、会話の中に自然と『すべ』が出てくるようになってきたんです。こういうふうに子どもが『すべ』を使えるようになってきたということは、『すべを獲得した』っていうことなんじゃないでしょうか。」

この先生は、経験も豊富で、教科指導の面でも学級経営の面でも力のある先生です。ただ、長年続けてきた「教える」スタイルの授業を「子どもたちが考える」スタイルの授業に切りかえることで苦労した一人です。子どもたちが自分で考えることを重視するあまり、子どもたちからの意見が出すぎて授業がまとまらないといったこともあったようです。それまでの「教える」スタイルの授業が悪かったわけではありません。それはそれでうまくいっていたものをあえて変えていく取り組み。勇気も必要だったでしょうし、困惑することも多かったでしょう。

その先生が、「そうか、これが『すべを獲得した子どもの姿』なんだ」と気づいたときの喜びようは、一緒に歩んできた私にとっても、自分のことのように大きなものでした。

角屋先生の指導で教員の「思考力」も伸びた

東菅小学校の研究において、角屋重樹先生の存在は本当に大きなものでした。角屋先生は当時、国立教育政策研究所教育課程研究センター基礎研究部部長というお立場。私たちにとっては「雲上人」と言ってもいいほどの方です。

その角屋先生が、研究の指導をお引き受けくださっただけでなく、本当に足しげく東菅小学校に通ってくださり、日々の授業レベルからさまざまなアドバイスをしてくださいました。

角屋先生のお話は、とてもわかりやすいことで有名です。まず、「今日は3つのことをお話します」などと整理されたうえで、どんな教員にもわかりやすい平

東菅小学校での角屋先生

易な言葉で話してくださいます。「すべ」という言葉を使われるのも、思考力育成に必要なものを少しでもわかりやすく身近なものとして捉えてもらうためにはどうしたらいいか……とお考えになってのことだと思います。

角屋先生はよく「『わかる』と『入る』は違うんだよ」とおっしゃいます。

「『わかる』というのは、また頭の中だけのできごと。だから、わかったはずだったのに忘れてしまうといったことも起きます。それに対して『入る』というのは、体の中にすとんと入ってくるような状態のこと。『わかる』は、表面的に色を塗ること。『入る』は中までしみ込むことと言ってもいいかもしれません。表面的に塗ったものは、意外と簡単に落ちてしまったりしますが、一度しみ込んだものはなかなかとれませんよね。子どもたちが『すべ』を獲得するというのは、この、しみ込んだ状態のことなんです。」

私たち東菅小学校の取り組みは、教員にとっても初めは「わかる」レベルのものだったように思います。それが苦しみながら、挫折しそうになりながら、角屋先生をはじめ多くの皆さんのサポートを受けながら何とか続けられたことによって、いつしか「しみ込む」状態になっていったように思います。

私たちは、子どもたちの思考力をどうやって伸ばすのかという研究を通じて、自分たちの思考力も伸ばしていただいていたのかもしれません。

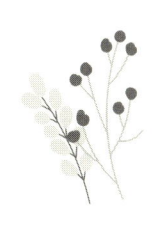

確実に伸びている「思考力」でも大切なのは、思考力の先にあるもの

平成24年度から30年度までの7年間の取り組みで、東菅小学校の子どもたちの思考力がどう変わったのか、それを厳密に測定する指標は残念ながらありません。全国学力・学習状況調査のB問題の学校平均点の推移などが参考になるとは思います。ご存知のようにこの調査では学校ごとの点数は非公開を前提としていますので具体的な点数は差し控えますが、平成25年度から30年度までの経年変化を見てみると、

・国語、算数については全国平均に届くかどうかだったものが、全国平均を上回るようになった。特にB問題は大幅な伸びを示した。

・授業理解や自己肯定感に関する質問への肯定率は、全国平均を10ポイント前後下回っていたものが、18～21ポイントも上昇した。

――など、大きな変化が見られました。一般にB問題を苦手とする子どもが多いと言われますが、東菅小学校の子どもたちに聞くと、「簡単だったよ。だって、いつも授業でやっているのと同じような問題だもの」と答えていました。

実際に、子どもたちの姿は大きく変化したと感じています。保護者からは「夏休みも自分で課題を見つけて、どんどん解決するようになった」といった声が寄せられていますし、卒業生の進学先の中学校からは「やりたいことを積極的に提案してくる」「自分で課題を見つけ、予想を立

て取り組む姿が見られる」といったことを伺っています。

いずれも、「豊かな心をもち、たくましく未来を切り拓く力の育成」という学校目標のもと取り組んだ、子どもたちの思考力育成に、一定の成果があがっているものと捉えています。

そういった意味で、今後日本全国で活発になっていくであろう「子どもたちの思考力育成」に向けた取り組みを行う上で、私たち東菅小学校の取り組みを参考にしていただくこともできるのではないかと感じています。

しかしその一方で、いくつかの課題も見えてきています。

一つは、何のために子どもたちの思考力を育成するのかという目的意識をしっかりもたなければならないということです。

思考力を育成するのは、大きく変化する社会の中で、これまで出合ったことのないような課題に直面したときにも、その事態にたくましく対処していくことができるようにするためです。そこでは思考力の有無は大きな意味をもちますが、思考力だけでは対処することはできません。

子どもたちの思考力を伸ばすだけでなく、豊かな心や幅広い知見を獲得しておくことなども大切なことです。これらすべてを含め、これからの時代における学校教育の使命をもう一度確認しておくことが必要でしょう。

子どもたちの「思考力を伸ばす」だけでなく、「思考力の先にあるもの」を子どもたちの中に育成できる「思考力育成」でなければ、たとえば「比較」や「関係づけ」といったものを覚えるだけの「型を教える教育」になってしまうでしょう。

教師にも「覚悟」が求められる思考力の育成

もう一つ、大切なことがあります。

教師にも大きな覚悟が必要だということです。

高い思考力を獲得した子どもたちは、その力を学習内容だけでなくあらゆる面で発揮し始めます。進学先の中学校の先生の言葉の中にあった「やりたいことを積極的に提案してくる」は、それだけ子どもたちの中に主体性が育った結果だと思います。「やりたいことを積極的に提案してくる子ども」は、頼もしい存在であるのと同時に、教師にとっては対応に注意しなければならない存在でもあります。子どもの希望に応えることができないときや、子どもの希望の内容そのものが適切ではないものであるとき、子どもを適当にあしらうような対応をしてしまうと、子どもの中には不満が生まれます。主体性が強まっていればなおさらです。

もちろん、子どもの希望のすべてに応える必要はありませんが、だめならだめで、子どもも納得できる論理的な説明を行うことが、これまで以上に必要となるでしょう。

授業の内容についても同様なことがいえます。「わからない」を大切にし、少しでも疑問があれば、それが解消できるまで「考える」ことに慣れた子どもたちは、教師がうっかり「一方的に教え込む授業」を行ってしまうと、「なんだあの先生、授業の手を抜いているんじゃないか」「みんながわかるまで考えさせてくれないということは、実は先生もよくわかっていないんじゃないか」と、急速に心が離れていってしまいがちです。

実際に東菅小学校でも、授業力も学級経営力もある先生が、ちょっとしたことで子どもたちとの心のすれ違いが起きてしまったということもありました。

これまで、いわゆる学級崩壊は教師の指導力が低い場合に起きやすいと言われていましたが、子どもたちの思考力が高まると、従来以上の教師力が必要になるのです。

そういった意味で、子どもの思考力を高めるということは、教師にとって諸刃の剣となる場合もあるということを、肝に銘じておくべきでしょう。

東菅小学校の変革はすべての教職員の力でなし得たこと

平成31年3月、私は定年を迎え、東菅小学校を去ることになりました。後任には、大杉徹先生が着任されました。

実は大杉先生は、平成30年度から教頭として東菅小学校の先生方をサポートし続けてこられた方です。思考力育成の研究について、うまくいっているところはもちろん、まだまだ残っている解決しなければならない課題についても、よく把握されています。後任を託す方として、これ以上の適任者はいないと言っていいでしょう。

私が在職していた7年間で、東菅小学校は大きく変わりました。それは、東菅小学校の先生方一人ひとりの努力と工夫の積み重ねによってなし得たことです。途中、異動などによって東菅小学校から飛び立たれた先生方や事務職員、業務職員なども含め、すべての教職員の力によって、いまの東菅小学校があることを、もう一度強く申し上げておかなければなりません。

また、角屋先生をはじめとする、多くの外部の皆さんから、本当に親身なご指導、アドバイスをいただいてきたことにも、ただただ感謝の思いがつのるばかりです。

校舎の改築、その後の校庭整備、また、日頃の学校運営のさまざまな場面で、地域の皆さんの支援もいただきました。

そしてもちろん、子どもたちとその保護者の皆さんにも感謝をしなければなりません。この

7年間にいろいろなことがありましたが、私が出会った子どもたちは、みんな、伸びていく力をもった子どもたちばかりでした。

東菅小学校が大きく変わったこの時期に、最も近くでその変化を感じ、一緒に歩むことができたのは、とても幸せなことでした。

東菅小学校はこれからももっともっと伸びていくことと思います。また、東菅小学校で得たことを次の勤務先に持ち込み、そこでさらに広げていく先生も、これから増えていくことでしょう。

東菅小学校で芽生えた「思考力育成」の教育がこれからどうなっていくのか、立場は変わりますがずっとずっと見守っていきたいと思います。

（葉倉 朋子）

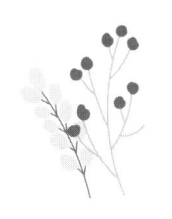

コラム・東菅小学校①

東菅小学校の「授業のふり返り」と「主体的・対話的で深い学び」

東菅小学校では、「授業のふり返り」に、「自己の変容」と「他者からの学び」という２つの視点を設けています。

まずは、「その時間に学習したことを自分の言葉でまとめる」ところから始めました。いわゆる「授業のふり返り」のイメージはこれでしょう。

しかし、東菅小学校ではそれだけでは終わりません。しばらくたつと、

・はじめの自分と比べて変わったこと

・友達の考えから学んだこと

・いままで学んだことで使えたこと

――なども書くようにしていきました。子どもたちの「ふり返りの視点」をつくったといえるでしょう。

その結果、単に自分の行動や、感想を書くだけのふり返りではなく、友達の考えと比較したり、関係づけたりしながら、自己の変容をふり返り、他者の存在価値を捉えられるようになっていきました。つまり、既習と関係づけながら、友達の考え方を取り入れていくことで、より深い学びへとつながっていくことができるようになったのです。

この実践は高学年だけではなく、中学年や低学年でも取り入れることができました。低学年のうちからこういったふり返りの仕方を身につけることも、思考の「すべ」につながるのではないかと思います。

2020年度からの新しい学習指導要領では「主体的・対話的で深い学び」がキーワードの一つとなっています。こういったふり返りも「主体的・対話的で深い学び」につながるものだと考えています。（葉倉 朋子）

座談会

東菅小学校ホンネ職員会議

Part 1

座談会に出席いただいた先生方

角《かど》屋《や》 重《しげ》樹《き》 先生

思考力育成を継続的にご指導いただいて5年目。「思考力育成の目的は、人間性を育てるためにある」「本質は何か」と常に私たちに問い続けてくださり、未来を、そして、新たな世界を示してくださる。普通学校に気軽に来てくださり、学校を大きく変えてくださった。

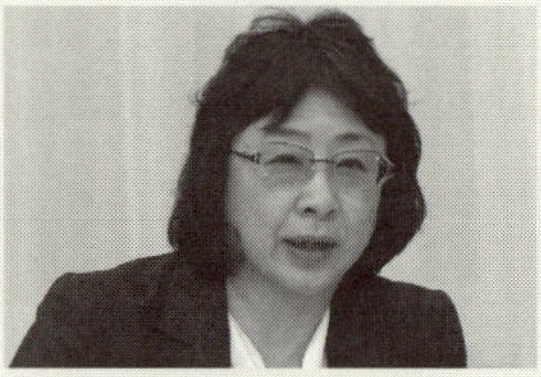

葉《は》倉《くら》 朋《とも》子《こ》 先生

7年間、東菅小学校校長を務める。子どもたちの心が動く、深く思考を巡らし始めていく瞬間の表情が好きで、それぞれの授業の様子を見て回る。次々に、アイデアや夢が生まれていくと、先生方によく笑われる。

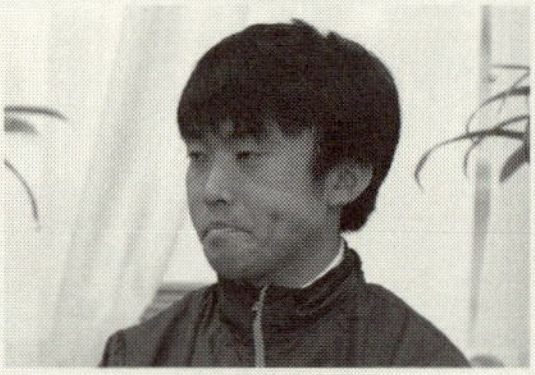

足《あ》立《だち》 智秀《ともひで》 先生

教員9年目。2校目の東菅小4年目。1年生担任。説明がわかりやすく、話がうまいため、子どもたちを引きつける授業をするが、自分が話してばかりいることに授業の悩みを抱えていた。教師が黙る段階、子どもの話し合いが広がってしまう段階、教師が入るタイミングを見定める段階を試行錯誤しながら経て、思考力育成の授業をつかんでいった。

東澤《ひがしざわ》 ゆりこ 先生

東菅小学校7年目。東菅小学校がごく普通の学校だった頃、担任として、新しい授業づくりをスタート。若い教員たちと、楽しみながら教材研究をしていた。穏やかで、温かい声かけを全職員にしているが、論理的な思考は№1。3年目の教務主任として、斬新な発想で学校を動かし始めている。

濱《はま》口《ぐち》 由《ゆ》香《か》 先生

教員10年目。2校目の東菅小学校6年目。3年生担任。明るく、何でもチャレンジしていく。いまでは笑い話になっているが、「もう一度、やってみる?」の声かけに、ぐっと涙をこらえながら、何回も何回も模擬授業をしていた頑張り屋。頑張った分、言葉に重みがある。

村《むら》田《た》 かほる 先生

東菅小学校9年目。5年生担任。ベテランになっても授業改善をし続け、若い教員たちを巻き込んでいくパワーと実績が評価され、2016年度「文部科学大臣優秀教員表彰」を受賞。村田マジックと言われる学級経営を基盤に、従来の授業を大きく改善し続けている。

米《よね》倉《くら》 史《ふみ》乃《の》 先生

新任で赴任して、東菅小学校3年目。4年生担任。「学びは真似から」「わからなければ聞く」を姿で示し、優れた吸収力で授業力が伸びている。全てに全力で取り組み、誰からも吸収していこうとする姿は、若い教員にもベテラン教員にも、いい刺激になっている。

司会 渡邉《わたなべ》 信二《しんじ》 先生

東菅小学校4年目。6年生担任。研究半ばに着任したが、朝日新聞の「花まる先生」にも取り上げられた実践力と教材開発の力は、学校全体に大きな刺激を与え続けている。「みんなと同じでなくていい」と願い異端であり続けた授業を公開している。深く思考する子どもたちの姿に、多くの人たちが圧倒される。

(2019年3月現在。紹介文は葉倉朋子による。)

子どもたちは同じではない。だから教師も変わらなくちゃならないんですよ。

渡邉：私たちは5年間、「子どもたちの思考力の育成」に取り組んできたわけですが、それぞの立場やキャリアによって感じていたことや考えたことに違いがあったんじゃないかと思います。また、初めから熱心に取り組んだ方もいれば、なかなか心に火がつかなかったという方もいると思います。もしかしたら、途中でちょっとテンションが下がってしまった——なんていう方もいるかもしれない。それぞれがどういう気持ちで研究に取り組んできたのか、そのあたりから今日は話を聞きたいと思います。

米倉：私はこの東菅小学校が初任校。ある意味、教師としての仕事は何も知らない状態でした。

渡邉：そうか。でもそれは、教師としての「型」ができあがってしまう前だったということも言えるから、やりやすかったのでは？

米倉：確かによくそう言われるんです。もちろんそういう面もあるとは思いますが、自分自身が受けてきた教育とまったく違うものだったので、皆さんがおっしゃるほど楽ではなかったです。これはいままでにはないことだとか、新しいことだと言われても、私にとってはすべてが新しいことで……。

渡邉：あなたは東菅小学校に来て3年目だけど、どんな3年間だった？
米倉：1年目は何もわからず、とにかくそのときの学年主任で指導教諭でもあった村田先生にぴったりついて、村田先生の真似をして過ごした1年間。2年目は、今度は一人でやらなくちゃならなくなって、どうしたらいいかわからず、ずっと地に足がついていない状態で……。
渡邉：地に足がついてなかったら、ずっと空回りして前に進まないじゃない（笑）。
米倉：いや、ホントそうなんですよ。たまに地面をけることができたときに前に進んで「あ、こうすればいいんだ」と気づくような感じでした。3年目は1年目と同じ4年生の担任だったので、「前にやったのと同じことをやればいいのかな」と思っていたんですが、なかなかそうもいかず……。
渡邉：じゃあ、いろいろ苦しいこともあったと。
米倉：確かに苦しいこともあったんですが……私、人生に「失敗」ってないと思っているんですね。失敗しても次に必ず何かが見えるから。
渡邉：「失敗は成功へのヒント」っていうこと？
米倉：うーん、ちょっとそれはかっこよすぎるかな（笑）。私自身は「失敗をしたら必ず新しい発見がある」って思ってます。
葉倉：米倉先生が2回目の4年生を担任してしばらくたったときの言葉で印象に残っているのが「子どもが違う」っていうもの。2年前に同じ学年を経験しているからそれほど苦労しないだろうって思っていたのが、実際にもってみると、そこにいるのは2年前の4年生とは違う子どもたち。前回のやり方だけではうまくいかなくて、ずいぶん苦しんだよね。子どもが違えば自分を変えるしかない。そこでもがいている1年間だったんじゃないかなと思います。

本当にこんなことやっちゃっていいのかという葛藤がありました。

渡邉：いま、教師が自分を変えるという話がありました。それは経験年数を問わず必要なことなんじゃないかなと思います。足立先生は東菅小学校が2校目。東菅小学校に来て4年目ですよね。ほかの学校から来て、どんなふうに感じましたか？

足立：正直言って、戸惑いましたよね。今でこそ「比較」「関係づけ」のマグネットが黒板に貼ってあるのを普通に感じますが、当時は「これを最初から言っちゃっていいのかな」と、かなり疑問に感じていましたね。

渡邉：いいですねぇ。そういう話、どんどんして。

足立：前任校は算数の研究推進校で、授業ではある程度自由試行をさせてから……というのが一般的な考え方だったんです。それに対してこちらから、「比較」や「関

係づけ」を提示するということは、子どもたちの自由をうばっているんじゃないだろうかという葛藤がありました。

渡邉：なるほど。そういった意見は、東菅小学校の授業をご覧になった他校の先生方からもよく聞くことですね。その葛藤が、どう変わってきたんですか。

足立：自由試行が大切だっていうことは変わっていないんですが、「比較」や「関係づけ」を使うことによって違いが見えてくるというようなことがあるなら、『比較』を使って考えてみたらどうなるだろう」といったことを発問の段階から言うべきですよね。「比較」や「関係づけ」を授業の中でこうやって位置づけたらいいんじゃないかな——ということが見えてきたときに、葛藤がなくなったというか、これは使ったほうがいいなと考えるようになっていましたね。

渡邉：獲得したんですね。機械的に「ここで使わねば」と考えるんじゃなくて、「ここで使いたい」に変わったんだね。それは大きな変化ですよね。

一時期、授業中は口をおさえていました。自分が話しすぎないようにするために。

渡邉：その変化の過程で、何かしんどかったこととかありますか？

足立：えーと……、いろいろありすぎます（笑）。前任校にいるときから私がめざし

ていたのは、子どもの手でできる授業。究極的には子どもだけで練り上げていける授業をしたいなと考えていたんです。でもそれが、いままでのやり方ではどうしてもうまくいかなくて。何とかしようとは思うんですが、そこでたとえば「関係づけ」といった言葉をこちらから出してしまうということに、なんとも言えない不安を感じていたんですね。

渡邉：あー、それ、よくわかる。

足立：「授業はこうあらねばならぬ」という思いも強くもっていて、その中で「比較」とか「関係づけ」を、教師がどこでどういう形でもち出すのか……といったことでも悩んでいたんですね。校長先生からも「もっと子どもたちに任せてみたら」っていうアドバイスはいただいていて、じゃあ、と思って子どもたちに任せてみると、今度は授業がグチャグチャになっていくんですね。「わー、どうしよう」と焦ったんですが、「ああ、ここで教師が「比較」とか「関係づけ」を見せていけばいいんだと。

渡邉：教師が入っていくタイミングの判断が大切なのかな。

足立：確かにそうですね。

渡邉：いまは1年生の担任ですよね。1年生でも「比較」や「関係づけ」は使っている？

足立：そうなんです。たとえばいちばん最初の入学式で、名前を呼ばれたら返事をするというのがあるんですが、ただ「元気に返事をしようね」じゃなくて、元気のいい返事とそうじゃない返事をやって見せると、元気に返事ができる子どもが増

えるんですね。いまでも授業の中で「じゃあ、これとこれを比べてみようか」なんてやると、子どもはちゃんとできるんですね。むしろ「ああ、そういうふうに比べるんだ」とか、「そこに関係を感じるんだ」といったように、子どもから私が教えてもらうことが多いかもしれませんね。

渡邉：子どもが自分で考えるようになるんだよね。

足立：そうなんですよ。きれいに使っているトイレの絵と汚れている絵を見せて「どっちのトイレを使いたい？　じゃあどうすればいい？」って聞くと、1年生でもトイレの使い方を自分で考えるんですよね。こちらが教えるんじゃなくて。

葉倉：足立さんは話が上手だから、子どもたちもつい聞きこんじゃって、気がつくと先生ばかりが話している授業になってしまっている時期があったんですよね。それで私が「ちょっと話すのをやめてみる？」って言って……。

足立：そうなんです。それで一時期、私、口をおさえながら授業をしていました。話しすぎないように。

葉倉：あの時期はとっても苦しかったと思うんだけど、足立さんが話すのをやめたら、子どもたちが話し始めたんだよね。子どもたちがいろんな面白いことを話し始めたって、足立さんがうれしそうにしていたのを覚えています。

足立：そうですね。ずいぶんもがきましたね。でも、自分がそうやって苦しんでいるときに相談に乗ってくれる方がいたり、参考になる授業をやっていらっしゃる方がいたりしたということで、東菅小学校はとても環境に恵まれているんだなと思います。ほかの学校だったら一人で苦しまなければならなかったかもしれませんね。

授業を子どもたちに任せるようにしたら子どもたちの声が聞こえてくるようになったんです。

渡邉：濱口さんも、足立さんと経歴が似ているんだよね。

濱口：そうですね。私も東菅小学校が2校目ですからね。ただ、足立さんは東菅小学校に来てとても戸惑ったということだったんですけど、私は、新しいことを学びたいと思って異動してきたんです。だから、校長先生から「授業を変えるよ。新しいことをやっていこう」って言われても、戸惑うことはなくて、いろいろ吸収しようと思いました。

渡邉：なるほど。最初から心を開いて東菅小学校に来たわけだ。でも、そうは言ってもいろいろ引っかかるものがあったんじゃない？　自尊心とか。

濱口：いえ、ぜんぜんなかったです。

渡邉：えっ、ぜんぜんなかったの？　それも困るじゃない。

濱口：私は自分自身に自信がなくて……。たとえば初任のときからずっと、授業の前にノートにこうやって進めて、ここで私はこう言おう……とか、かなりしっかり

書いていたんです。

渡邉：そうしないと不安だったんだ。

濱口：そうなんです。だから東菅小学校に来た年がちょうど研究が本格的に始まる年で、みんなで一緒に新しい授業を一からつくっていくということが、ある意味安心できて、とても楽しかったですね。

渡邉：そうか、濱口さんは研究の初年度からいたんだね。初年度からうまくいった？　正直に言っていいから（笑）。

濱口：最初は本当に何もわからなくて。「比較」とか「関係づけ」とか、いったい何を言っているんだろう……みたいな感じでしたね（笑）。でも、角屋先生が本当にあきらめずに、何度も何度も丁寧に指導してくださって。それでも2年目くらいまでは何だかわからないまま前に進むような毎日で……。まだ自分のものになっていないけど、みんなで一緒にやっているから何とかできたというような感じだったんですね。それが変わったのが、3年目に1年生をもったときですね。学年の先生方と毎時間の授業について「ここはよかったね」とか「ここはよくなかったね」といったことをよく話し合ったんですね。それを重ねていくうちに授業が楽しくなってきて、自分の中に何かをつかむことができたような気がしたんですね。

渡邉：その「つかんだもの」って、何？

濱口：うーん、何だろう。それまでは授業の流れを一生懸命ノートに書いて、この通

りにやらなきゃだめなんだと思っていたのが、もっと子どもに任せていいんだって思えるようになったことですかね。予想していない反応が子どもから出てきても、あわてないで、子どもの言葉を丁寧に拾っていくことで臨機応変に対応できる力が、少しずつ身についてきたんだろうなと思います。

渡邉：それができるようになるまではどうだった？　予想にないような反応が子どもから出てくるのは、怖かった？

濱口：予想にない反応が出てきたときには、自分が予定していたところに強引に引っ張っちゃってましたね。

足立：あー。

渡邉：足立さん、ずいぶんうなずいているけど……。

足立：他校の校内研を見に行くといまでも、授業後の検討会などで「あそこで子どもが予想外の反応をしたので、うまくいかなかった」といった話を聞くことがあるんですね。でも、東菅小学校ではそういうことは聞かなくなったな……と思って。

渡邉：そういうことがなくなったということが、授業が変わってきたことを表しているのかもしれないね。

濱口：子どもの声が聞こえるようになったんですよ。

渡邉：聞こえるの？　幽霊が見えるみたいに（笑）。

濱口：そう（笑）。自分が芯となるものをちゃんともっていれば、一から十まで細かく計画していなくても、何人もの子どもがいろんなことを言っている中から、いいつぶやきを拾えるようになるんですよね。

渡邉：すごい。それは達人だね。

濱口：そんなことないですよ。でも、それで授業が楽しくなったのは事実ですね。そして教師が楽しんでいると、子どもも授業が楽しくなるんですよね。

自分で考えた授業のイメージにしばられてしまっていました。

米倉：いまの話を聞いていて、私思い出しました。

渡邉：何を？

米倉：今年の初めの研究授業のときに、自分でも「あーあ」と思うような授業をやっちゃったんです。

渡邉：どんな授業？

米倉：研究授業が近くなると、たいてい校長先生が模擬授業とかにつき合ってくださって、いろいろアドバイスをいただいていたんですが、そのときに限ってタイミングが合わず、見ていただけなかったんですね。それで私、ちゃんとしなきゃと思って、自分の中で考えていた授業の流れを、ぜんぶパソコンで打っておいたんで

す。子どもたちとのやり取りなんかも含めてかなり細かく。それで実際に授業をしてみたら、自分の中に「こういう流れにしなきゃ」という思いが強くなって、その流れしか自分の中のイメージになかったんですね。それで、見学に来られていた他校の先生方からも「かなり強引に授業をもっていっていましたね」って言われてしまうほどの授業になってしまったんです。

渡邉：なるほど。

米倉：初任の1年目で真似をしながらやった。2年目に探りながら自分のエッセンスを入れた。それで3年目になって、自分のものにできたような気になっちゃってたんですね。

渡邉：どういうこと？

米倉：自分の中の授業のイメージが、知らないうちに固定化されちゃっていたような気がします。

渡邉：それにしばられていたと。それは、足立さんが最初に言っていた、「授業はかくあるべし」と考えてしまうということ？

米倉：いえ、そういうことじゃなくて、濱口さんがさっき言ったような、自分が丁寧に考えた授業の筋道にとらわれてしまったという感覚です。だから、子どもの声も、自分が予定していたものばかりを引っ張っちゃった。

渡邉：それって悪いことじゃないんじゃないの？

濱口：そういう授業って、きれいって言えばきれいなんですよ。自分が考えた通りの授業だから。でも、子どもにとってみれば消化不良のところが残っている。子どもが「もっと考えたい」というところが残っているのに、それを無視して引っ張っちゃっていたなと。私の場合は。

渡邉：米倉さんも？

米倉：はい。見学の先生方もたくさんいらっしゃるし、いいものをつくろう、いい授業をしようという気持ちが強くなっちゃって。いま思うと、「思考力育成の授業はこれだぞ」みたいな、少し天狗の鼻が伸び始めていたんじゃないかなと。いま思えば、ですけど。

葉倉：米倉さんはある時期、ほかの人の話が入っていかない時期があったのよね。もともと飲み込みの早い人だから、少し話をすると「じゃあこうですね」って考えることができるんだけど、あるときから、こっちが話をする前にどんどん自分で先に行っちゃうような時期があって。ああ、米倉さんちょっと待って……と感じていたんですね。どうなっちゃうんだろうと心配していたんですけど、そのあと元のようにちゃんと話を聞いてくれるようになって、ああ、米倉さんが戻ってきたと。その戻ってきたきっかけが、あの授業だったんですね。

米倉：そうですね。いま、濱口さんの話を聞いていて、あの頃の自分を思い出しました。

Part2（P.157 〜）へ続く

第2章
子どもたちの思考を育む「すべ」とは

角屋 重樹
（日本体育大学大学院　教育学研究科長）

「すべ」とは未知の問題に子どもが自ら取り組める力

2020（令和2）年度から全面実施される学習指導要領では、育むべき学力の3要素の一つとして、「思考力・判断力・表現力」があげられています。

これらの力は、これからの社会において特に必要になる力として、社会のさまざまな場面でもその重要性が繰り返し述べられています。しかし、どうすればその「思考力・判断力・表現力」を育むことができるのか、あるいは「思考力・判断力・表現力」とはそもそも何なのかといったことが、いま一つはっきりしない、どう取り組んでいけばよいのかわからない――といった声をよく聞きます。

たとえば算数の計算問題を解き、解答する場合でも子どもたちは「考え、判断し、表現する」わけですから、「思考力・判断力・表現力」を使っていると言えないことはない、かもしれません。そういった力であればこれまでの教育の中でも育まれてきましたし、従来のような学習方法や授業でも培っていくことができるはずです。

私は、これからの時代に必要となる「思考力・判断力・表現力」とは、**初めて出合う問題や課題に対して、これまでに経験したこと・学んだことや、周囲の人々の意見などと関係づけたり、比較したりすることによって、その解決方法を見つけ出す力**だと考えています。

グローバル化が進み、コンピューター技術が急速に発達する社会では、これまでの成功体験を繰り返すだけでは解決できない問題・課題に直面することになります。そのときに、誰かが対処方法を教えてくれるのをただ待つのではなく、自ら取り組んでいくことのできる力を子どもたちに獲得させることが必要なのです。

私はこの力を「すべ」と呼んでいます。

「すべ」は「教える」ものではない

「すべ」とは、漢字で書けば「術」ですが、私はあえてひらがなで「すべ」と表記しています。「術」には、「学習術」「交渉術」のように、「テクニック」といったイメージがあると思います。法則化された一つの「術」を身につけることによって何かができるようになる――といった意味です。

しかし、「すべ」とは、そういった法則化されたものではありません。「比較する」「関係づける」といった用語を使うことはありますが(詳細は後述)、それが必ず必要な手順や方法といったものではないのです。ですから、「すべ」を子どもたちに「教える」ことはできません。「すべ」とは子どもたち自身が「獲得する」ものなのです。

私たちは、正解が一つのものは子どもたちに教えることができます。あるいは、ある決まった方法や手順についても教えられます。しかし、いままで出合ったことのない問題、解き方を教えたことのない問題に出合ったときに解く方法を教えることはできません。「どんな未知の問題にも対処できる方法」はないからです。

私たちが子どもたちに対してできることは、未知の問題に対してどう取り組んでいくかを子どもたち自身が見つける……つまり獲得するのを手助けすることなのです。

無意識に使っていた「すべ」を意識的に使えるようにする

教師が教えることなくして子どもたち自身の力で、「すべ」を身につけることが本当にできるのか——といった指摘もあると思います。

実はこの「すべ」とは、人間がもともともっているものなのです。私たちは生きていくうえで出合うさまざまな問題に対し、「あのときこうだったら、きっとこれもこうだろう」「今回は前回と違うから、もっと○○したほうがいいかもしれない」などと自分で考え、行動しています。日常生活レベルで私たちは無意識のうちに「すべ」を使っているのです。学習課題や、より高度な社会生活上の課題の解決のために必要な「すべ」も、本質的にはこの「すべ」と変わりません。

しかし私たちはこれまでそういった問題に対処するときには「一つの正解」「過去の成功体験に基づいた対処法」といったことを念頭に取り組む習慣がついていましたし、教育も同じでした。この状況を見直し、学習課題などに対しても子どもたちが意識的に「すべ」を使う姿勢をつ

正解が一つの問題の解決法

既存の公式や手法が
使える問題の解決法

↓

教えることができるが、そのままでは、ほかの新たな問題の解決には使えない。

未知の問題に出合ったときに自ら解決法を見つける力

↓

すべ

教えることはできないが、子どもたちが獲得するためのはたらきかけは、することができる。

くることが、子どもたちに「すべ」を獲得させることだと私は考えています。

よく、「すべ」と「スキル」はどう違うのかといった質問を受けます。私も以前はスキルという表現も考えていましたが、いろいろな方と話すうち、「スキル」という言葉には、学習や練習を積み重ねることによって習得できる技能といったイメージがあると感じるようになりました。私が考えている意味とは異なります。そこで「スキル」ではなく「すべ」と表現するようになりました。

教師は、子どもたちが「すべ」に気づく授業を

「すべ」は教えるものではない……とは言うものの、ただ子どもたちに任せることで獲得できるものではありません。子どもたちが「すべ」に気づく状況を教師がつくってあげる必要があります。子どもたちが「すべ」を獲得していない段階では、教師が「〇〇について考えましょう」

と投げかけただけでは、子どもたちは、何をどう考えればいいのかがわからないからです。

私は子どもたちが獲得すべき「すべ」について、思考の「すべ」、判断の「すべ」、表現の「すべ」の3つに分けて考え、それぞれの柱を立てています。ただこれらの分類や柱はあくまでも目安であり、これらを子どもたちに教えればいいとか、これら以外にはないといった性格のものではないことに注意してください。

《思考の「すべ」》

思考の「すべ」の柱は、「比較」と「関係づけ」です。

何かについて考えるとき、ただ漠然と考えても何も浮かびません。考える対象について何かと「比較」してみることで、それがどういったものなのかが見え始めます。すでにもっている知識と「関係づけ」ることも必要です。たとえば予想をたてる場合は、対象となるものや問題と、すでに知識をもっているものや問題とを比較し、同じ部分、異なる部分を根拠として考えていくことになります。

《判断の「すべ」》

思考を行うときには、方向づけも必要です。方向づけがないまま思考しても考えが拡散するだけです。思考の方向づけとは、目的や見通しを明確にしたうえで、思考の方法（実行計画）や、思考の結果の中から適切なものを選択することです。

よく、ものごとを考えているうちに見当違いの方向に走ってしまい思考が混乱することがありますが、これは判断の「すべ」がうまく使えていないためです。

《表現の「すべ」》

問題について思考したのであれば、その結果を「表現」しなければなりません。しかしこれも、どんな形でもいいというわけではありません。一つには、目的や見通しの結果として適切な内容でなければなりません。また、表現の手法についても同様です。込み入った内容について長々と文章だけで説明したのではわかりにくく、目的にかなっているとは言えません。図や表を併用する、文章に小見出しをつける、口頭で説明するのならばいくつのことを言うのかをあらかじめ提示する——などの工夫をする必要があります。これが表現の「すべ」です。

「問題解決過程」で子どもは「すべ」を獲得する

では、これらの「すべ」を子どもたちに獲得させることができる授業とは、どのようなものなのでしょうか。

それは、子どもたちの問題解決過程を意識して組み立てられた授業です。

教師が問題と解決方法、解答を提示する授業では、子どもは問題解決を行っておらず、「すべ」を獲得できていません。「どうすればいいか考えてみよう」と投げかけていたとしても、実は表面的に投げかけているのにすぎず、一方的に考えさせるだけだったり、正解にたどり着く「考え方」だけを探させたりする授業だったりします。

理科の授業の問題解決過程の例と「すべ」

問題解決過程	理科の授業の例	すべ
問題を見出し、学習問題を設定する	校庭と砂場の雨上がりの様子の違いに気づき、何が関係しているのかを話し合う。	子どもが現象の違いに気づき（思考）、それをもとに学習問題を設定する。
▼		
見通しを発想する	土の様子の違いから、水のしみこみ方の違いは土の粒の大きさの違いが関係していそうだと予想する。	子どもが現象の違いと要因とを関係づけ（思考）、問題となる事象を説明する予想・仮説などを発想する。
▼		
解決方法を発想する	実験方法を考える。	子どもが現象の違いを観察の視点と関係づけ（思考）、解決方法を発想する。
▼		
解決方法を実行し、実行結果を整理する	実験を行い、結果をまとめる。	子どもが観察・実験結果を、問題や見通しと関係づけ、整理（判断）し、表現する。
▼		
実行結果について考察する	水のしみこみ方は土の粒の大きさに関係し、粒が大きいほどしみこみやすい。	子どもが問題や見通しと観察・実験結果を関係づけて（思考・判断）、その要因を決定する。
▼		
問題解決過程を振り返る	はじめの問題と考察の結果を振り返る。	子どもが問題や見通しをもとに、観察・実験結果を整理し、表現（判断・表現）する。

上の表は、理科の授業を例にして子どもの問題解決過程と、そこで獲得できる「すべ」とを整理したものです。子どもたち自身がこの問題解決過程を踏んでいくことこそが「思考・判断・表現」なのです。

子どもたちに「すべ」を獲得させた東菅小学校

実は、「すべ」は特別なものではありません。私たちが日常生活の中で思考を行うときには、無意識のうちに「すべ」を使っているのです。ただ、無意識のうちに何となく使うのと、ある程度意識しながら使うのとでは、大きな違いがあります。「すべ」を意識することによって、思考の深まりや広がりが期待できます。

特に、思考力の発達段階にある小学生の時期に、「すべ」を意識しながら思考活動に取り組むことは、その後の成長に大きく関わってくるものと考えられます。

ところが、「すべ」が特別なものではなく、普段から何気なく使っているものゆえに、学校教育の中でそれを子どもたちに獲得させることに難しさがあります。

しかも前述のとおり「すべ」は、「教師が教える」ものではなく、「子どもたちに獲得させる」もの。どうすればそれが可能となるのか……まだまだ模索状態にあるといっていいでしょう。

このような中、子どもたちに「すべ」を獲得させる取り組みの先進校として、全国から注目されているのが、東菅小学校なのです。

東菅小学校では、子どもたちに「すべ」を獲得させるために、さまざまな工夫を行ってきました。

たとえばその一つが「話型」の共有です。

ある新しい問題について、その解決方法を子どもたちが話し合うとき、単に「○○したらいいと思います」というだけでは、たとえそれが「正解」であったとしても、根拠が示されておらず不十分です。そこで「どうしてそう考えたんだろう」と投げかけると、「だって、前にやったあの問題が……」などと話します。この「だって」を取り上げ、「おっ、『だって』っていう言葉を使うとわかりやすくなるな」と整理。「だって」のカードをつくり、子どもたちが意識しやすいように黒板の近くに貼っておきます。（8・9ページ参照）

このようにして、子どもたちの中から出てきた、「思考、判断、表現」のために使いやすい言葉を掲示し、それらの言葉を意識しやすいようにしています。

ただしその目的は、これらの言葉や表現を子どもたちに覚えさせることではありません。こういった言葉を使うと、考えたり、判断したり、表現したりしやすいんだということ——つまり「すべ」を感じさせるためです。

おもな思考の「すべ」の例

ここで、おもな思考の「すべ」と、その内容をあげてみます。注意していただきたいことは、「すべ」とはここにあげたものがすべてではないということです。特に「話型」については、ここであげるのはあくまでも例です。あらかじめ決めた話型を子どもたちに教え、使わせるのではなく、できるだけ子どもたちの発言などの中から出てきた「使える表現」を拾い、「話型」として共有するようにしてください。

すべ	意味	よく使う場面など
比較	2つ以上のことがらを比べ、類似点や相違点を見出すこと。また、比較によってそれぞれの特徴を見出すこともできる。 比較を行う場合には、何を基として考えるのか「基準」を設定する必要がある。	・問題を発見する場面 ・問題解決の場面 ・問題の解決方法を検討する場面 など
関係づけ	取り上げる内容を既習事項や日常生活などに結びつけて考えること。 解決方法のわからない問題に出合ったときなどに、すでに知っていることと関係づけて考えることもある。 「比較」は関係づけの一種と考えることもできる。	・問題を発見する場面 ・問題解決のための見通しをたてる場面 ・問題解決の結果を検討する場面 ・振り返りの場面 など
既習	それまでに学習した内容を、新たな問題と関係づけることで、問題の解決方法を考える。 学習の場面なので「既習」だが、一般の生活の中では学習以外のさまざまな経験なども含まれる。 また、既習のうち、特に学習の中心になるものを「学習の基盤」といい、学習の基盤の上に新たな学習内容が構築される。	・問題解決のための見通しをたてる場面 ・問題の解決方法を検討する場面 ・問題解決の結果を検討する場面 ・振り返りの場面 など

すべ	意味	よく使う場面など
話型	「～と比べて」「～とつなげて考えると」「そのことを詳しく言うと」「つまり～」など、自分の考えを説明するときに使いやすい言葉や表現方法のこと。 　他者に説明するときだけでなく、自分の中での思考を整理するときにも使える。 　決まった定型のものがあるわけではなく、学校では、子どもたちの中から出てきた表現のうち、クラス全員で活用していきたいものなどをピックアップし、「話型」として共有することなどが考えられる。 　また、子どもの発達段階に応じ、話型も変化する。	・自分の考えを他者に説明するとき ・自分の考えを整理するとき　など 〈話型の例〉 「○○さんは～だけど、私は～」 「～と書いてあるので～」 「前に～を学習したときに～だったから…」 「～だから～」 「～でたとえると～」 「いままでの話をまとめると～」 「～と～とを比べてみると～」　など

「すべ」の獲得とは、定型のものを覚えることではない

「話型」の例としてあげたこれらの言葉には決まった「定型」があるわけではありませんし、クラスによっても異なります。繰り返し使っているうちに「これとこれは同じことだね」と整理されていったりします。（4～13ページ参照）

これらの言葉が子どもたちの中に定着すると、子どもたちは教師が促したり、誘導したりしなくても、未知の問題に対しても自分でその解決方法を考えるようになります。

東菅小学校は、子どもたちに「すべ」を獲得させ、思考力を高める取り組みが成功している、価値ある事例の一つと言っていいでしょう。

東菅小学校でこれが可能となったのは、まさに暗中模索といった中で、先生方自身が「思考力」とは何なのか、「すべ」とは何なのかを明らかにし、それを子どもたちに獲得させるために、さまざまな方向からの工夫と努力を重ねられたからです。先生方の意識を変えるといった深いレベルでのご苦労がありました。

どうして東菅小学校が子どもたちに「すべ」を獲得させようとしたのか、具体的にどのような取り組みをされたのか、そこにどんなドラマがあったのかは前章や座談会で、東菅小学校で校長を務められていた葉倉朋子先生と、研究に携わられた東菅小学校の先生方が語られています。また、その授業の実践は、次章をお読みください。

（角屋 重樹）

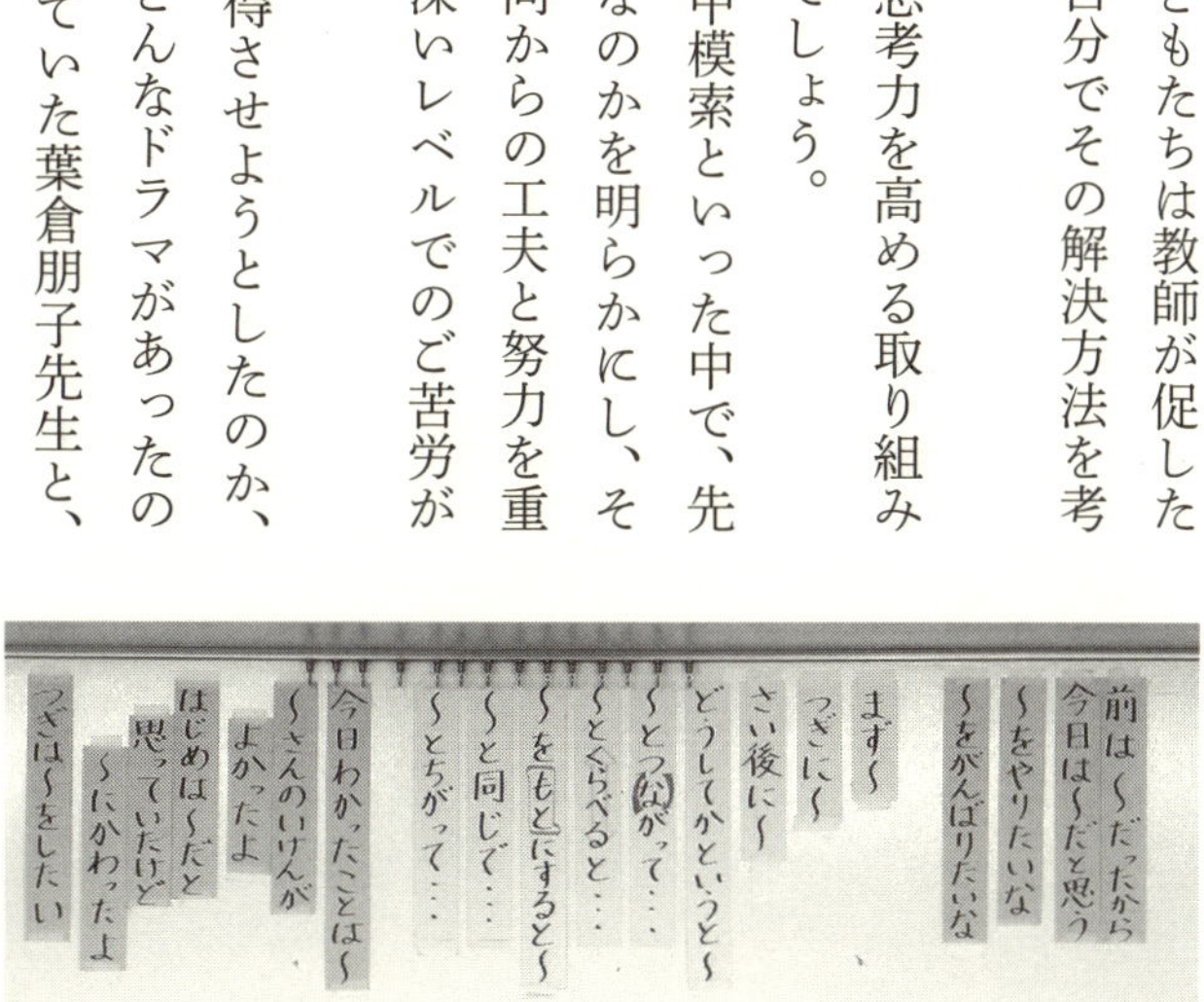

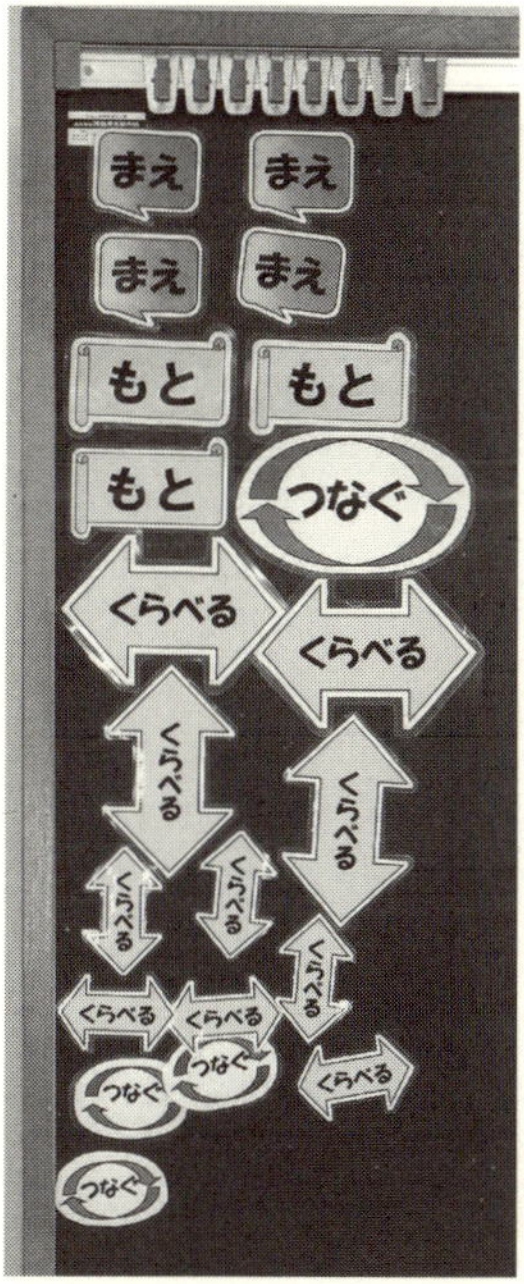

コラム・東菅小学校②

保護者アンケートは
カリキュラム・マネジメントの貴重な情報源

東菅小学校では授業参観の際、保護者にアンケートをお願いしていますが、その回答内容を見比べていて、とても興味深いことに気づきました。

まず、私たちが思考力育成に本格的に取り組み始めて間もない、平成26年11月のアンケートです。

・黒板の字が小さく、児童が見づらそうでした。

・授業に参加している子と、していない子がいるように思いました。

授業改善のための貴重なご意見ですが、授業参観のアンケートではこういった回答が多いでしょう。

ところが翌年のアンケートを見ると、

・楽しそうに「違い」を見つけていた。

・相手の意見にも耳を傾ける、脳と心をフル活動して行う授業。楽しかった。

と、少し様子が変わってきました。さらに平成28年になると、

・1週間前の自分の考えと比べてみることは、わかりやすくてよいと思った。

・個々の考えを聞けて、私も納得したり、子どもたちが納得していく姿が見られたりする、子ども主体の授業だった。

──など、授業の内容に深く関わるものが増えていったのです。

保護者アンケートを行うものの、ざっと目を通すだけであまり活用されていない……といったことも聞きます。しかし、授業が変わると、それは保護者アンケートにも如実に現れます。保護者アンケートは学校経営やカリキュラム・マネジメントにおける貴重な情報源ともいえるのではないでしょうか。

（葉倉 朋子）

第3章

実践報告
東菅小学校の
思考の「すべ」を使った授業

すべ

比較の実践

1年国語　ひらがな

ひらがなの形を比較・関係づけることで正しい文字の形に気づく

第1学年の学習では、一つひとつの文字を順番にただ教えることが多いのですが、「比較・関係づけ」を用いることで、子どもたち自身が文字の形に注意しながら次の文字とのつながりをもって学習を進めることができます。

初めに「し」「て」など、比較的簡単な形のひらがなを学習した後、ひらがなの表を見ながら、「似ているひらがなはある?」と問いかけると、

「『つ』は『し』と似ている。」

「『そ』は『て』と似ているところがある。」

といった意見が、子どもたちから出てきました。

「比較」

ものごとを説明するときに、何かと比較しながら説明すると、説明したいポイントが明確になり、わかりやすい。

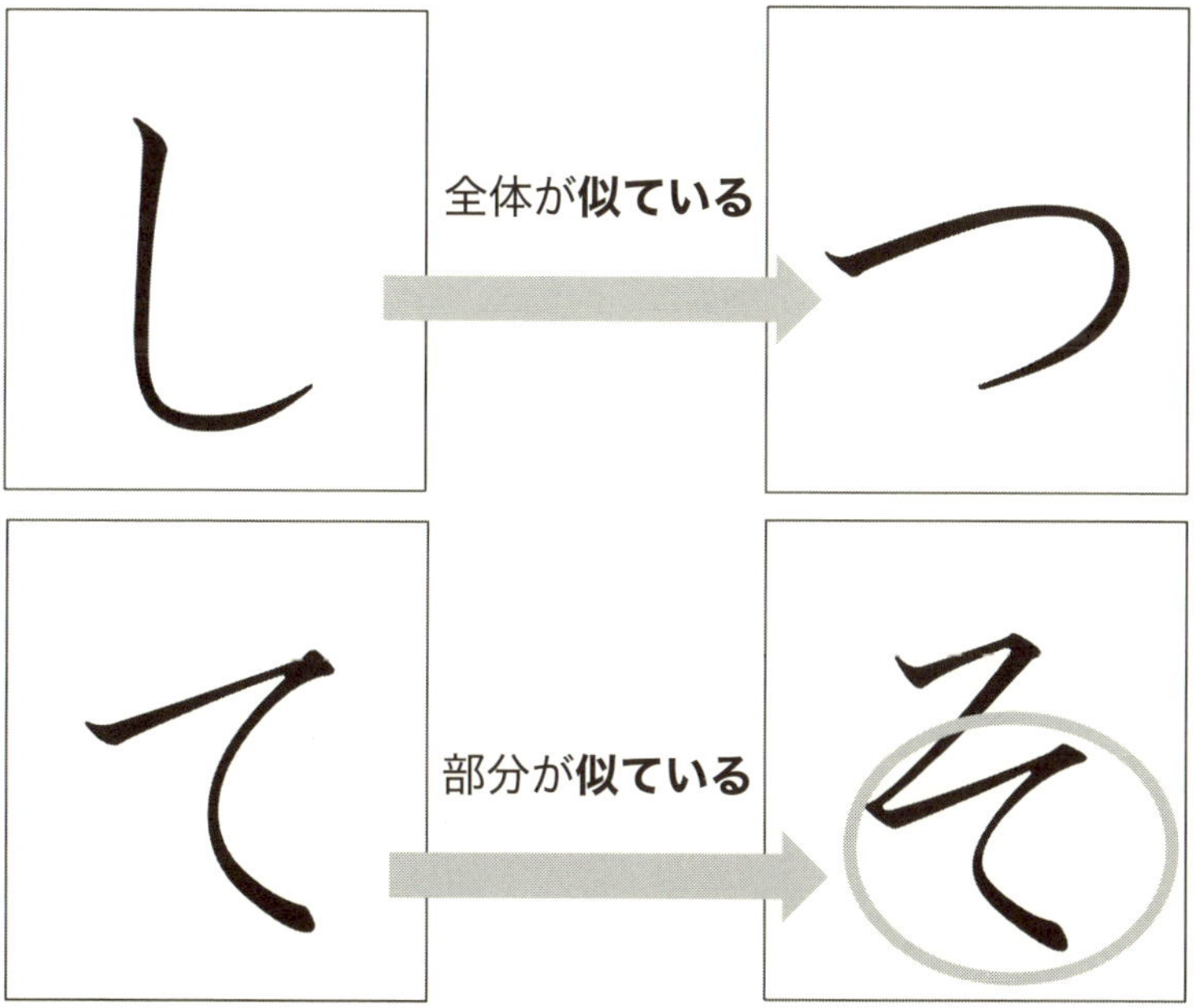

そこで、それぞれどこが似ているのかをたずねてみると、次のように説明してくれました。
『つ』は『し』が横になって、それから裏返しになっているよ。」
『そ』は、下のところが『て』と同じ形だよ。」

このことから子どもたちは、ひらがなの中には、単純に形が似ているものだけでなく、一部分の形が共通しているものもあることを知り、全く新しい一文字の学習ではなく、つけたせば別の字になることに気づくことができました。

思考の基礎となる文字（ここでは、「し」「て」）をもとにし、ほかの文字と「比較」すると、文字の形が理解しやすく、書くときにも役立つことに気づいた子どもたちは、ほかにもこのような例がないか、探し始めました。

まず、「そ」の上の部分に着目し始めた子どもたちは、「ろ」や「る」と半分までは同じ形だと発見。これが「ろ」と「る」の学習につながりました。

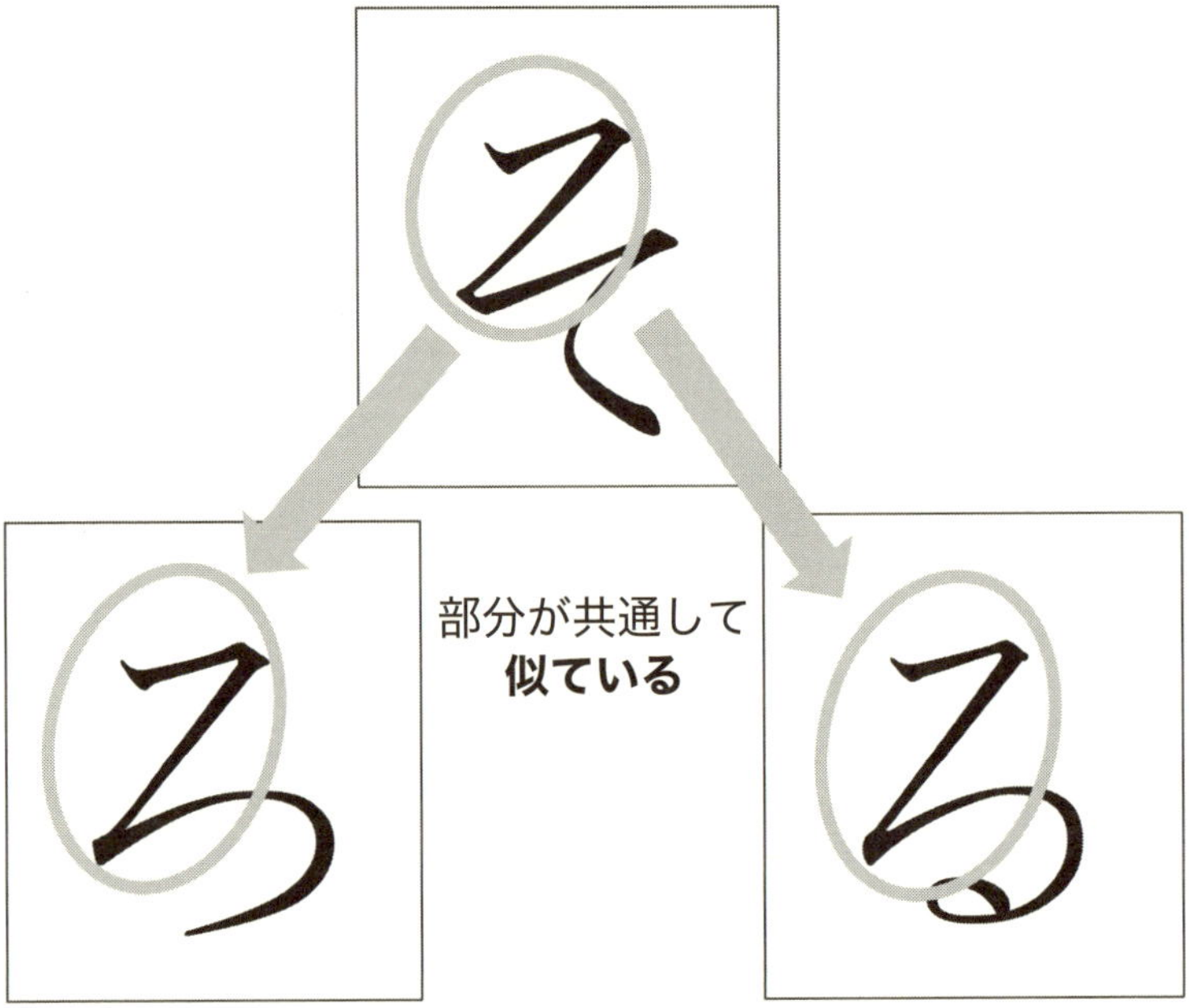

また、「ろ」の学習では、既習の「つ」との関係（「ろ」の中には「つ」がある）にも気づきました。

また、

・「る」は「ろ」の最後を丸くしただけ
・「つ」は「ち」「ら」「わ」の中にもある

――などにも気づき、学習が広がっていきました。「わ」の学習は、「れ」「ね」につながるなど、「比較」が新しいひらがなの学習に進んでいきました。

こうして、教師が与えるひらがなの学習ではなく、子どもが自ら文字の形を比較したり、関係づけたりすることにより、正しい文字の形を学習につなげ、次のひらがなの学習を学んでいくことができるようになりました。

既習の文字が増えるにつれて、さまざまな文字と関係づけ、発見し、文字の形を楽しむことも多くなったと思います。

似ている部分を
探すことで、
学習が広がって
いった。

すべ

比較・関係づけの実践

1年 **日常生活**

1年生でも獲得できる思考の「すべ」がある

「関係づけ」
取り上げる内容を、既習事項や日常生活などに結びつけて考えること。

1年生の日常の生活行動について、これまでは「1年生だから思考力を育てることはできない」という考えをもってしまいがちでした。

しかし、本当に「できない」のでしょうか。「1年生だけどできる」にすることはできないのでしょうか。「1年生だけどできる」にするためにはどうしたらいいのか――。子どもの思考力を高めることによって「1年生だけどできる」を実現するための取り組みを、入学式の当日からスタートさせました。

まずは入学式の呼名《こめい》。入学式会場に入る前に教室で、「名前を呼ばれたら元気に返事をしましょう」という指導は、以前から行っていました。しかし、「元気」といっても子

1年生に示した、お手製の実際の掲示。
結果を「比較」することによって、1年生でもどちらがよいのかを自分で考えられる。

「比較」

ものごとを説明するときに、何かと比較しながら説明すると、説明したいポイントが明確になり、わかりやすい。

どもによって捉え方はさまざまです。また、中には「そんなこと言われたって、あんなに大勢の人の前で声を出して返事をするなんて恥ずかしい」という子どももいるはずです。

そこで、実際に子どもの名前を呼ぶ前に、「よい返事」と「よくない返事」をやって見せて、「比較」させ、元気よく返事することのよさを、子どもたちに実感させました。

さまざまなスタートカリキュラムの中で「比較」を意識して取り入れました。

トイレの使い方では、見本となる「よいトイレの使い方」の絵だけでなく、あえて「悪いトイレの使い方」の絵を並べて「比較」させることで、悪いトイレの使い方は、どうして悪いのか、トイレをどう使えばきれいなままでいられるの

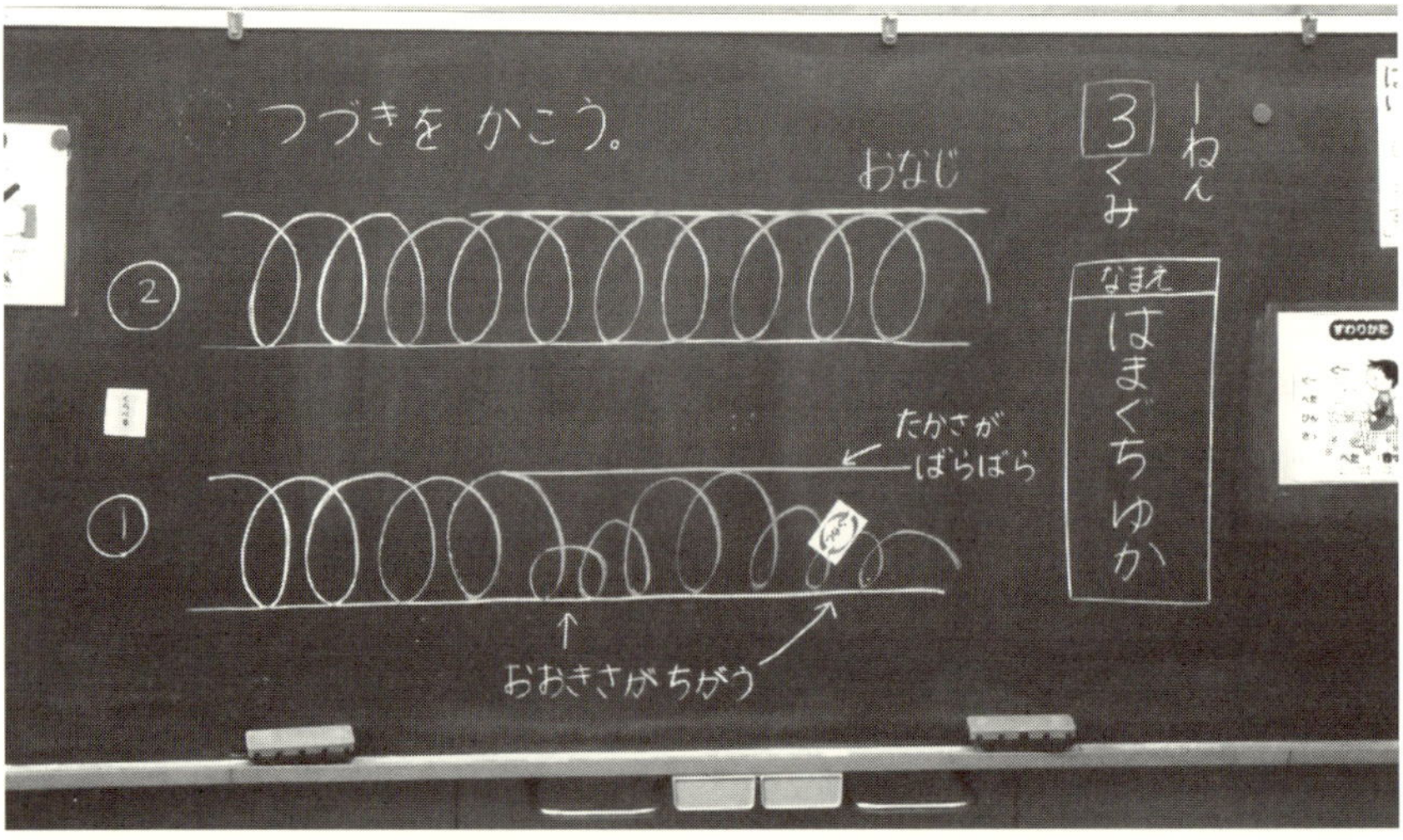

文字の書き方なども、「違い」を見せることで、何に注意する必要があるのか、子どもが気づきやすくなる。

かなど、自分のトイレの使い方とトイレをきれいに保つこととを「比較・関係づけ」して考えられるようにしました。

また、自分の名前を初めて書くときには、まずは担任が自分の名前を黒板に書いて見せることが多いと思います。このときも「比較」を取り入れ、「ていねいに書いた名前」だけでなく、「ぐちゃぐちゃに書いた名前」も見せて「比較」させることで、名前をていねいに書くことの大切さや必要性を子どもたち自身が見出し、ていねいに書こうという意欲をもたせることができました。

このように、「1年生だから」と考えてしまうのではなく、1年生の実態に合った方法で「比較」や「関係づけ」など思考の「すべ」を取り入れていくことが、子どもたちの思考の高まりに大きく関わっていくことがわかりました。

すべ

話型（言葉を拾う）の実践

1年　各教科

子どもの発言を価値づけ クラスの財産として共有していく

思考の「すべ」につながる「話型」は、1年生のうちからみられます。むしろ、1年生だからこそ、友達の発言に対して「あー！」「いいねー！」「たしかに！」といった反応が自然とでてくるものです。

このような言葉が発せられたときをのがさず、人の話に反応する「話型」として価値づけ、共有します。

たとえば、「〜だと思う。だって〜」の「だって」は根拠を述べるときの言葉として大事な話型として捉え、「『だって』を使うとわかりやすいね」とクラスで共有し、「だって」を話型として掲示します。（8・9ページ参照）

「話型」
思考を整理する言葉を共有することで、自分の考えも整理でき、相手にも伝わりやすくなる。話し合いも成り立つようになる。

これらの言葉は友達の発言に賛同したり、異なった意見を表明したりして、個の考えをもつためにも、必要な言葉です。これらの言葉を意識させることが、話の聞き方の指導につながります。

ただ、口頭でそれを伝えても、子どもたちが日常的にそのことを意識し続けるのは難しいものです。

そこで、思考を整理し、思考をつなげていく言葉が子どもたちから出てきたときには、短冊形のカードに書いて、「いい言葉だね」と子どもたちと確認しながら、黒板の横などに掲示しておきます。常に子どもたちの目に入る場所に掲示しておくことで、友達の発言に対して反応する子どもが広がっていきました。

表現の「すべ」だけでなく「見方」や「考え方」に関する「すべ」も使えるように

発言に慣れてくると、「順序」や「論理」を示す言葉も子どもたちから出てくるようになりました。「まず〜、次に〜、最後に〜」や、根拠を示す「だって〜」「どうしてかというと〜」などです。「○○さんと同じで〜」「○○さんと違って〜」、「○○さんと似ていて〜」など、友達の考えと自分の考えを比較する表現も見られます。

これらは、話し手に必要な思考を促す、重要な言葉です。これらの言葉も拾い上げ、どうしてそのような言い方をするといいのかを子どもたちと共有したうえで、掲示するようにしました。

これらの「話型」は、考えを整理して表現する言葉や、説明しやすい言い方がおもなものですが、次第に「見方」や「考え方」に関係する言葉も、「話型」として取り上げるようにしました。

たとえば算数の「10がもとになっている」や、国語の『～ですか』は問いである」などです。これらはいずれも、教科の学習の中では大切なキーワードで、今後の学習と深くかかわっていくものです。しかし、1年生の発達段階においては、一度理解したつもりでもなかなか定着しにくいものです。（12・13ページ参照）

そこでこれらの言葉も「話型」として掲示することで日常的に繰り返し意識し、自分でも使ってみようという気持ちが芽生えました。友達によるこれらの言葉の発見を、自分の「既習」として獲得できているといっていいでしょう。

「新たな学習」がいつも「知らないこと」の連続なのではなく、実は以前の学習とつながっているのだということを、子どもたちに気づかせることもできたと思います。このことは、1年生の間だけでなく、今後続いていく学習の多くの場面でも言えることであり、新しい課題に出合ったときには、これまでに自分の中に獲得している見方や考え方なども含めた「既習」をもとに考えていく――ということを子どもたちに感じさせる手立てとなったと考えています。

1つの言葉が2つの意味で使われることも

一方で、子どもたちから出てきた言葉を話型とするときの注意点もみられました。4月後半から「前の学習を比較の基準として比べると、今回の方が……」という、「比較の基準」を表す意味での「もと」という言葉を、話型として使い始めました。「もとは○○だったけど…」といった使い方です。

ところがしばらくすると、「もと」という言葉に対する子どもたちの捉え方に変化が起きました。算数の「くらべかた」の単元では、子どもたちは「10のまとまりを『もと』として考えると……」といったように、「もと」という言葉を「任意単位の基準量」として使い始めたのです。（5ページ参照）

「比較の基準としての『もと』」と、「基準量としての『もと』」という2つの意味での「もと」が子どもたちの中に存在するようになったのです。「もと」を話型として取り上げているので、このまま放置すると余計に混乱の原因ともなりかねません。

「『もと』という言葉には、2つの意味があるんだね。どちらの意味で使っているのかを説明しないと、聞いた人が間違ってしまうかもしれないね。」と子どもたちに話しました。

子どもたちから自然と出てきた言葉を拾っているため、こういったことは今後も起きる可能性があります。教師が気をつける必要があるでしょう。

すべ

逆発想で考えるの実践

2年算数　はこの形

一般的には、「箱を分解→平面図形を発見」の流れ

2年生の「はこの形」の単元では、正方形や長方形の面で構成されている箱の形について学習します。

この単元では、子どもたちが立体図形の構成要素に着目して考えていけるような単元構成を考え、図形を全体的に捉える見方に加え、平面図形と同様に「頂点」「辺」「面」といった図形を構成する要素が存在することにも気づかせるために、箱の形をしたものを観察したり、構成したり、分解したりする活動を繰り返し行います。

たとえば、6枚の長方形や正方形を貼り合わせて箱の形を構成したり、箱を分解して構成している面について考えたりします。また、長方形や正方形の辺や頂点をもとに箱

の形の辺や頂点を考えたりもします。これらを繰り返し行うことによって、子どもたちに立体図形は平面図形によって構成されていることに気づかせます。

つまり、これまでの一般的な学習では、「立体図形」がまず先にあり、そこから「平面図形」を発見し、既習の平面図形の知識と立体図形とを関係づけて考えるという流れで進めていました。

正方形や長方形で箱の形をつくるには どのような面を集めればいいのかを考える

しかし、この流れでは、既習である平面図形からいったん離れ、立体図形の中から平面図形を発見するという流れになってしまいます。

そこで、「立体から平面を捉える」のではなく、「平面から立体をつくる」という「逆発想」の流れを考えてみました。具体的には、身近にある立体図形であるティッシュペーパーの箱を見せ、同じような箱を自分でつくってみるという活動です。

「ティッシュペーパーの箱はいくつの長方形でできているのだろう」

「長方形が何枚あれば箱の形になるのかな」

などと考えながら箱の形をつくっていきます。

従来の学習では、立体を分解して面の形を発見しましたが、ここでは分解を行うので

「逆発想」

従来の教えるための授業展開の順ではなく、子どもの思考の視点にたった展開を考える。

はなく、立体そのものを見ながら、どのような面を集めれば隙間のない立体ができるのかを考えます。

子どもたちは、面の形、組み合わせ方を試行錯誤していくことを通して、正方形や長方形を使えば、箱の形ができることに気づくことができました。

さらに子どもたちは、自分でつくった箱を分解していくことを通して、「面が6つあること」、「向かい合っている面は同じ大きさになっていること」を発見しました。

また、身の回りにある別の箱についても、箱の面を写し取ったり、切り取ったりして調べる活動をすることによって、やはり面は6つで、向かい合う面が同じ大きさになっていることを実感できました。

「既習」
既習事項との関連を子どもたちに意識させることで、学習内容を深く理解しやすくする。

箱の形の辺や頂点の数とその理由を自分たちで発見する

次に、箱の辺や頂点の数について考えることにしました。

これまでに、正方形や長方形は辺や頂点の数が決まっていることや、箱は正方形や長方形を組み合わせてできていることを学習してきました。これらをふまえ、立体である箱の辺や頂点の数はどうなっているのかを調べます。

子どもたちに予想させてみると、

「正方形や長方形は辺が４つ、頂点も４つだった。箱は面が６つあるから、辺や頂点の数は、正方形や長方形の６倍の24になりそう」

と既習を用いて考える子どもが多くいました。

そこで実際に粘土（頂点）とストロー（辺）で箱の形をつくってみると、辺も頂点も24もなく、頂点は８つ、辺は12しかないということがわかります。

なぜ、辺の数も頂点の数も減ってしまうのかをみんなで話し合う中で子どもたちは、立体は、正方形や長方形の辺や頂点がいくつかくっついてできていることに気づきました。粘土とストローでつくった箱の形をあらためて見て、辺は２つの辺がくっついて１本に、頂点は３つの頂点がくっついて１つになっていることを実感できました。

構成要素に着目し、従来の学習を「逆発想」で考えることで、教える学習から、自分たちで発見していく学習となり、子どもたちにとって、より深い学びとすることができたと考えています。

「すべ」の実践

既習を生かす

3年理科　**こん虫の観察**

実はバラバラだった
こん虫の学習

3年生の理科では、こん虫は種類によってからだの色、形、大きさなどが違うことや、食べ物やすみかなど周辺の環境と関わって生きていることを学習します。また、こん虫のからだのつくりや育ち方には一定のきまりがあるという考え方をもてるようにします。

これまでの多くの授業では、たとえばチョウのからだのつくり、次にバッタのからだのつくり……と学習したのち、共通点をおさえ、その次に食べ物と口のつくりとの関係を気づかせ……といったようにバラバラに学習しているケースが多く見られました。

もちろんこれでも必要な知識を身につけることはできますし、個々に学ぶ利点もあ

「思考の基盤」
既習の中でも、次の学習での思考に大きく関わる既習であり、これを中心に授業を構成していくことで、思考の系統性がつくりやすい。

ります。しかし、この3年生の「こん虫」の学習の見方や考え方が、次にどう役立っているのか、という点が弱かったといえます。そこで、同じ3年生の「チョウを育てよう」の単元での見方を「思考の基盤」として位置づけ、ほかのこん虫を捉えていく授業づくりに取り組みました。

チョウの飼育から チョウのからだのつくりとはたらきを発見していく

「チョウを育てよう」の学習では、モンシロチョウの卵から幼虫、さなぎ、成虫へと変化していく様子を観察します。

このとき、単に「どのように育っていくかな」という課題だけでは、子どもたちは「卵がかえって幼虫が出てきた」「幼虫が大きくなった」「さなぎになった」「さなぎから成虫になった」という成長の様子にしか関心がいきません。

ところで、漠然と成長の様子を観察するのではなく、卵と成虫（チョウ）を比較し、変化への見通しをもつようにしていきます。

毎日、観察する中で、幼虫のときの「たくさんの足」や「たくさんの足を使って動き、葉を食べに行く様子」「大きな口で葉を食べ、フンをする様子」を飼育しながら、十分に楽しみ、観察していきます。さなぎからチョウになったときの喜びと共に、成長するにつれ姿が変わり、足の数の違いや、移動するときに使う足と羽の違い、葉と蜜という食べ物の違いと口の様子の違いに気づいていきます。この中で、こん虫を見る視点として、動きと足の数、えさと口の形、移動の方法と羽などに着目させていくことが、ほかのこん虫を見るときの視点としての「思考の基盤」となっていきます。

からだのつくりの学習のさらにその先にもつなげる

東菅小学校では、石井雅幸先生（大妻女子大学教授）に、理科教育に関するアドバイスをいただいています。

石井先生の「こん虫の学習では、実際に虫たちが生活している場所で観察することが大切」というご指導を受けて、年に数回、近くの公園でこん虫観察を行っています。

公園での観察では、一言で「こん虫」といっても、飛ぶもの、跳ねるもの、地面を歩くものなど生活の様子がさまざまなことや、食べものも、花の蜜を吸うもの、草の葉を食べるもの、ほかのこん虫を食べるものなどそれぞれ異なることを、体験を通して知りました。

こん虫のからだのつくりの学習では、このことも「既習」となり、

「チョウは蜜を吸いやすいように、口がストローになっているけど、トンボは、昆虫を食べるから、顎が発達していると思う。」

「既習」

既習事項との関連を子どもたちに意識させることで、学習内容を深く理解しやすくする。

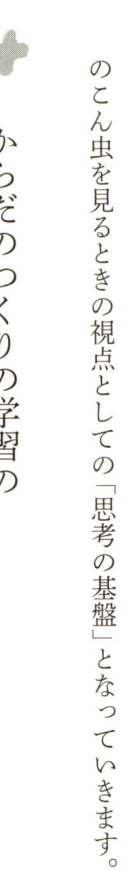

「チョウやバッタには、羽がついているけど、羽の形が全然違うね。同じ羽でも、高く飛ぶのと、逃げるのとで、使い方が違うからかな。」

など、深く思考する子どもの姿が見られました。

理科の観察では、見るべきもの、気づいてほしいことに目がいかず、漫然としたものになってしまいがちでした。

しかし、既習を生かしたり、思考の基盤をもって考えさせたりすることによって、子どもたちも「何を見ればいいのか」「何と何を比較するか」といった視点が明確にもてるようになりました。

このことは同時に、ここでの観察自体が「既習」や「思考の基盤」となり、今後の学習に結びついていくものだと考えています。

すべ

比較の場・関係づけの場をつくるの実践

4年理科　空気と水の性質

個別に学習していた「空気」と「水」を同時に学習することで性質の違いを「比較」する

これまで「空気と水の性質」の学習では、空気でっぽうを用いて空気の性質を学んだあとに、あらためて水でっぽうを用いて水の性質について学習していました。そのため子どもたちの中には、水と空気の性質の違いを関係づけて意識することができないケースも見られました。

そこで、空気でっぽうの実験と水でっぽうの実験を同時に行うことで、子どもたちが空気の性質と水の性質を比較したり、関係づけたりすることによって、それぞれの性質の違いを捉えやすくなるようにしました。

このような「比較の場をつくる」「関係づけの場をつくる」という「すべ」を獲得する

「比較」
比較するときには、どちらかを基準とすることで、視点が明確になり、捉えやすい。

ことによって、子どもたちは水や空気以外の物質の性質などについて学ぶときにも生かすことができると考えています。

まず、空気だけを入れた袋と、水で満たした袋を見せ、「何が入っている?」と問います。すると、空気が入っている袋については「何も入っていない」と答える子どもがほとんどでした。

そこで、両方の袋の口を閉じてから袋を押し、手応えを確かめさせると、水で満たした袋のほうが強い手応えを感じます。その理由をたずねると「水が入っているから」との答えでした。

一方、空気で満たした袋(子どもたちは「何も入っていない」と表現しています)も、水の袋よりは弱いとはいえ、手応えを感じます。この2つを比較することで子どもたちは、「何も入っていないように見えるけれど、空気が入っている」ことに気づきます。

水が入った袋を比較の基準にして空気が入った袋の手応えを調べる

次に、空気が入った袋と、水を入れた袋の手応えの違いを調べます。

このとき、単に「空気が入った袋の手応えは?」などとたずねるだけでは、「ふわふわしている」「グニョグニョしている」といったあいまいな答えしか返ってきません。

「比較の基準」
比較するときには、どちらかを基準とすることで視点が明確になり捉えやすい。

そこで、「水を入れた袋を押したときの手応えと比べると、空気を入れた袋の手応えはどう違いますか」と問います。このように、水を入れた袋を押したときの手応えを基準として比較することで、その基準と比べてどう違っているのか、子どもが捉えやすくなります。「空気の袋のほうがへこむけど、押し返してくる」「空気のほうが軽い」といった意見が出てきました。

なお、水の入った袋を基準としたのは、その存在を確かめやすい水のほうが、子どもたちが基準として捉えやすいと考えたからです。

「せん」の飛び方によって てっぽうの「中身の性質の違い」を比較させる

このように体感による空気と水の違いについて捉えた上で、空気と水を閉じ込めたときの性質の違いの学習に入ります。これも従来多くの授業では、まず空気でっぽうでせんが飛ぶ仕組みを学習した後で、水でっぽうについて学習しますが、それだとどうしてもばらばらの知識になってしまいがちです。

授業では空気によってせんを飛ばす「空気でっぽう」と、水によってせんを飛ばす「水でっぽう」を示した上で、「とじこめた水と空気を押すと、せんはどちらのほうが飛ぶのだろうか」という課題を提示し、子どもたちに予想させ、その理由も考えさせました。

「既習」

根拠をもった予想をしていくためには、既習や経験と関係づけることが大切になる。

子どもたちからは、次のような意見が出ました。

《水のほうが飛ぶ》

・水の力でせんがしまらなかったことがあるから。

・強さが増すと思う。

・(水を飛ばす)水でっぽうのようによく飛ぶと思う。

・水は重くて力があるけれど、空気は広がるから力はないのではないか。

《空気のほうが飛ぶ》

・水は落ちて、こぼれてしまうから。

・水は重くて、空気は軽いから。

・空気の力で飛ぶ。

・空気でっぽうを押すと、プシュー!と風がくる。この風が空気を押す力になる。

・風船のとき、空気は飛んだけど、水は飛ばなかったから。

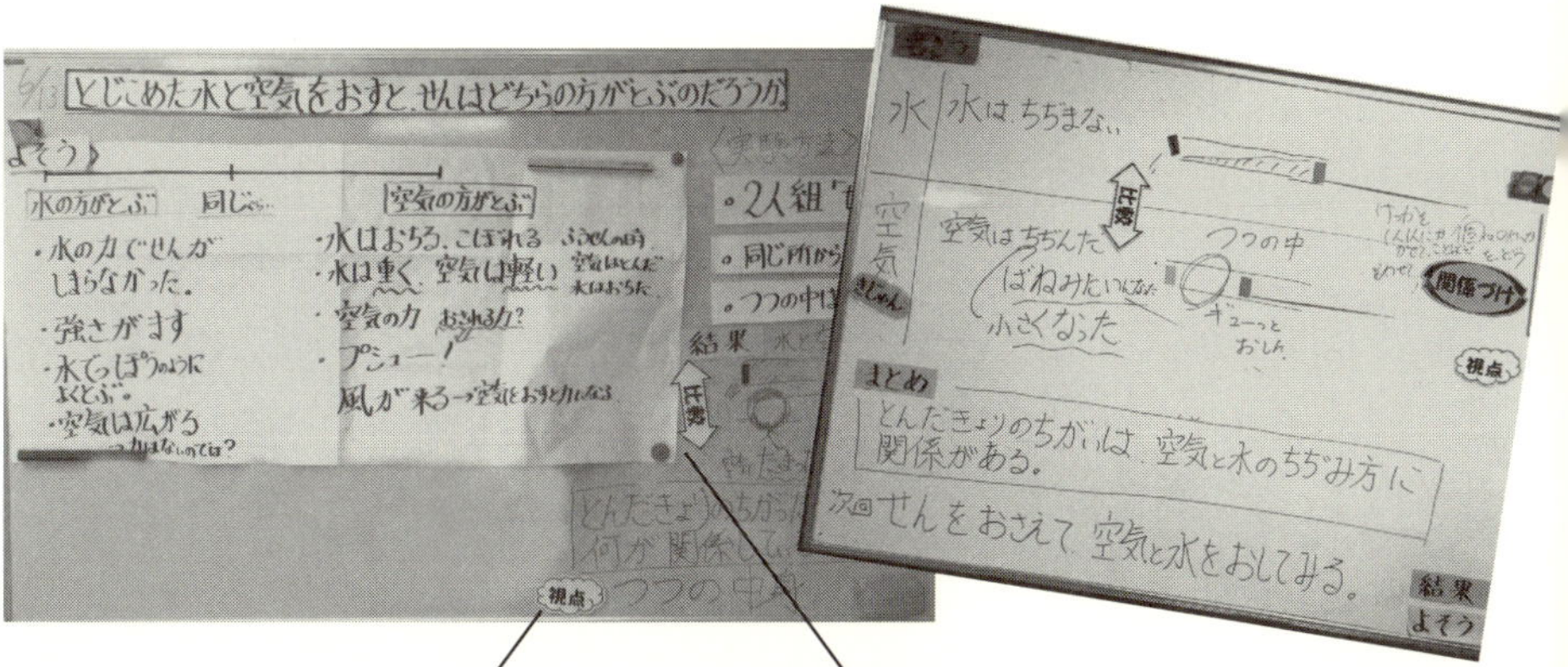

つくった視点　水と空気の同時比較

空気でっぽうと水でっぽうを水槽に立て、押したときの手応えを比べる。

校庭で空気でっぽうと水でっぽうの、せんの飛び方の違いを比べる。

校庭で実験を行うときにはホワイトボードを持ち出し、その場で記録やまとめ、考察などを行えるようにした。

ここでは、水と空気の同時比較で実験を行うことで、てっぽうのせんの飛ぶ距離が明らかに違うことが結果として得られました。結果に一喜一憂している子どもたちに、結果が生まれた要因に目をつけさせます。「その結果の違いには、何が関係しているのかな」と、教師が問うことで水でっぽうと空気でっぽうでは、つつの中身が違うことに気づくことができました。

また、つつの中身に視点をしぼることができたことで、再実験の際に「何に着目して考えればいいか」が明確になりました。今回の場合だと、次のようになります。

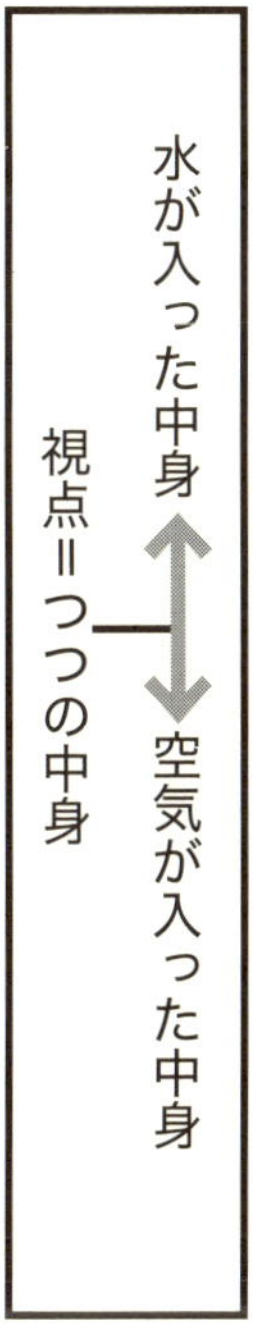

つつの中身に着目して、てっぽうでせんを飛ばす実験の同時比較を行うことで、「飛距離の違いは手応えの違いと関係し、空気はばねのように縮む性質があるのに対して、水は縮む性質がないこと」を、児童の気づきによりまとめることができました。

次時は、子どもたちの思考が自然に「空気には縮む性質があるのに対し、水には縮む性質が本当にないのかどうか」の問いを生みました。そこから飛び出るせんを押さえることで確かめるという課題設定を子どもたちとともにつくることができました。

すべ

単元を横で見る・縦で見るの実践

4年理科　人の体のつくりと運動

レントゲン写真で手や腕の関節の動きを意識させる

「人の体のつくりと運動」の学習では、人の体には曲がる部分と曲がらない部分があること、曲がる部分は関節ということなどを学びます。

一般的には腕の関節などで学習しますが、より自分の体と関連づけ、この単元の学習内容についてさまざまな方向から多面的に捉え、部分と全体とで捉えていく授業づくりを工夫しました。

まず、手や腕の骨や関節の位置と体の動きについて問いをもつ場をつくります。ここでは、手や腕には骨があり、骨と骨とのつなぎ目の部分で、手や腕を曲げることができることを知ります。

「横で見る・縦で見る」
1つの単元の中で関係することを捉えていくのが、「単元を横で見る」。学年を越えた縦の系列で考えていくことが「単元を縦で見る」。

手や腕を曲げるためには、骨と骨とのつなぎ目の部分に何かヒントがありそうだと予想をもった子どもたちに、手や腕のレントゲン写真のコピーを渡しました。レントゲ

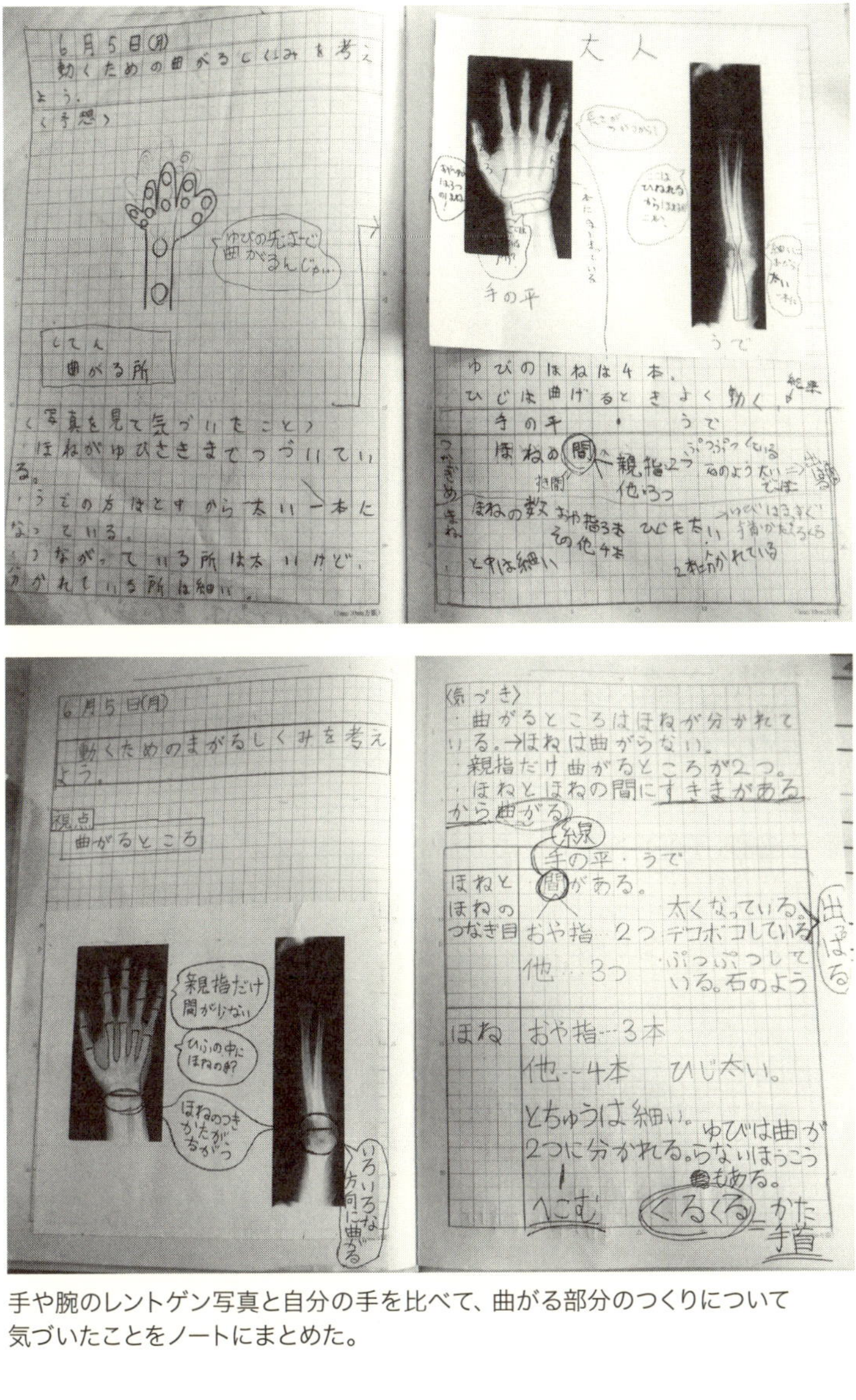

手や腕のレントゲン写真と自分の手を比べて、曲がる部分のつくりについて気づいたことをノートにまとめた。

ン写真を見ることによって子どもたちは、たとえば1本の指でも複数の骨があることや、骨と骨との間にはすき間があることなどに気づいていきました。

手や腕のレントゲン写真を「思考の基盤」にしながら、全身のレントゲン写真を捉える

手や腕のつくりを学んだ子どもたちから、次の課題が生まれてきました。

全身の動きも、手や腕と同じように、骨と骨とのつなぎ目が関係しているのだろうか。

子どもたちは、自分の体を触ったり動かしたりして、体の中がどうなっているかを予想します。予想が出そろったところで、調べる方法を考えました。子どもたちからは、手と腕のときと同じようにレントゲン写真があったらいいのにと、実験方法の既習も使おうとする姿が見られました。

「既習」とは単元を縦で見ること

教科の学習内容は、学年の枠を超えて縦にもつながっています。たとえばこの「人の体のつくりと運動」であれば、3年生の「こん虫のからだのつくり」や、5年生の「動物の誕生」、6年生の「人の体のつくりとはたらき」ともつながっています。このことを念頭に置いて授業を組み立てることが「単元を縦で見る」ことです。

思考の「すべ」の「既習」は、「単元を縦で見る」ことの典型的な例だと言えます。また、後の学年での学習内容を念頭に置いておくと、将来の「既習」への結びつきが確かなものになります。

このように、単元を横で見たり、縦で見たりすることが子どもたちの思考力を育成する授業として大切なことだと考えています。

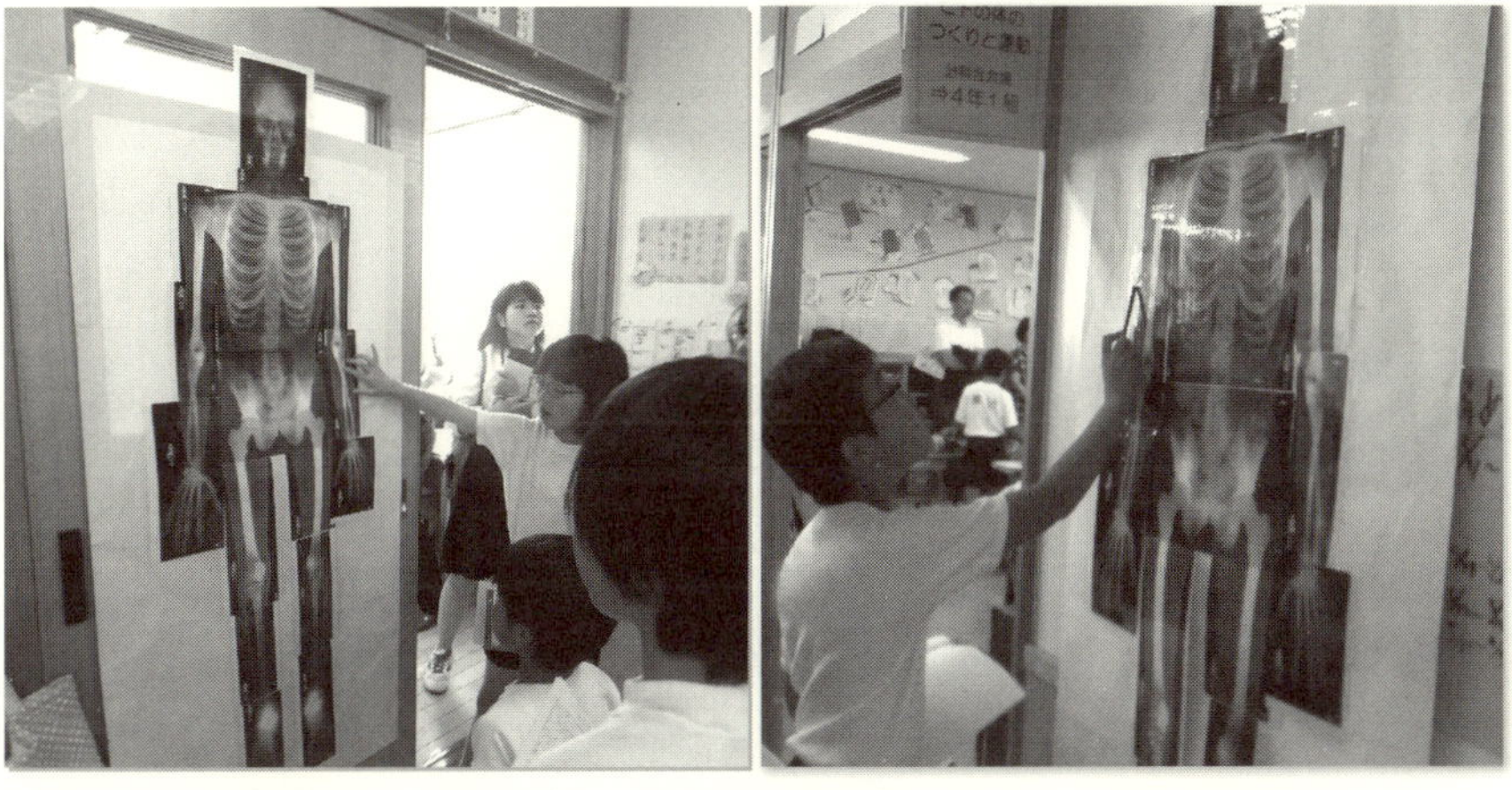

レントゲンの写真から、曲がるところに骨のすき間があり、全身にもたくさんのつなぎ目（関節）があることに気づいて伝え合う。

「ほら、手と同じように足の部分もたくさんの骨でできている。」「ぷつぷつの骨も見えるよ。」と、手のひらを基準として足を捉えている。

手のつくり　―単元を横で見る→　足のつくり

靴下を脱ぎ、指にも曲がる関節やすき間がたくさんあることを確かめる。

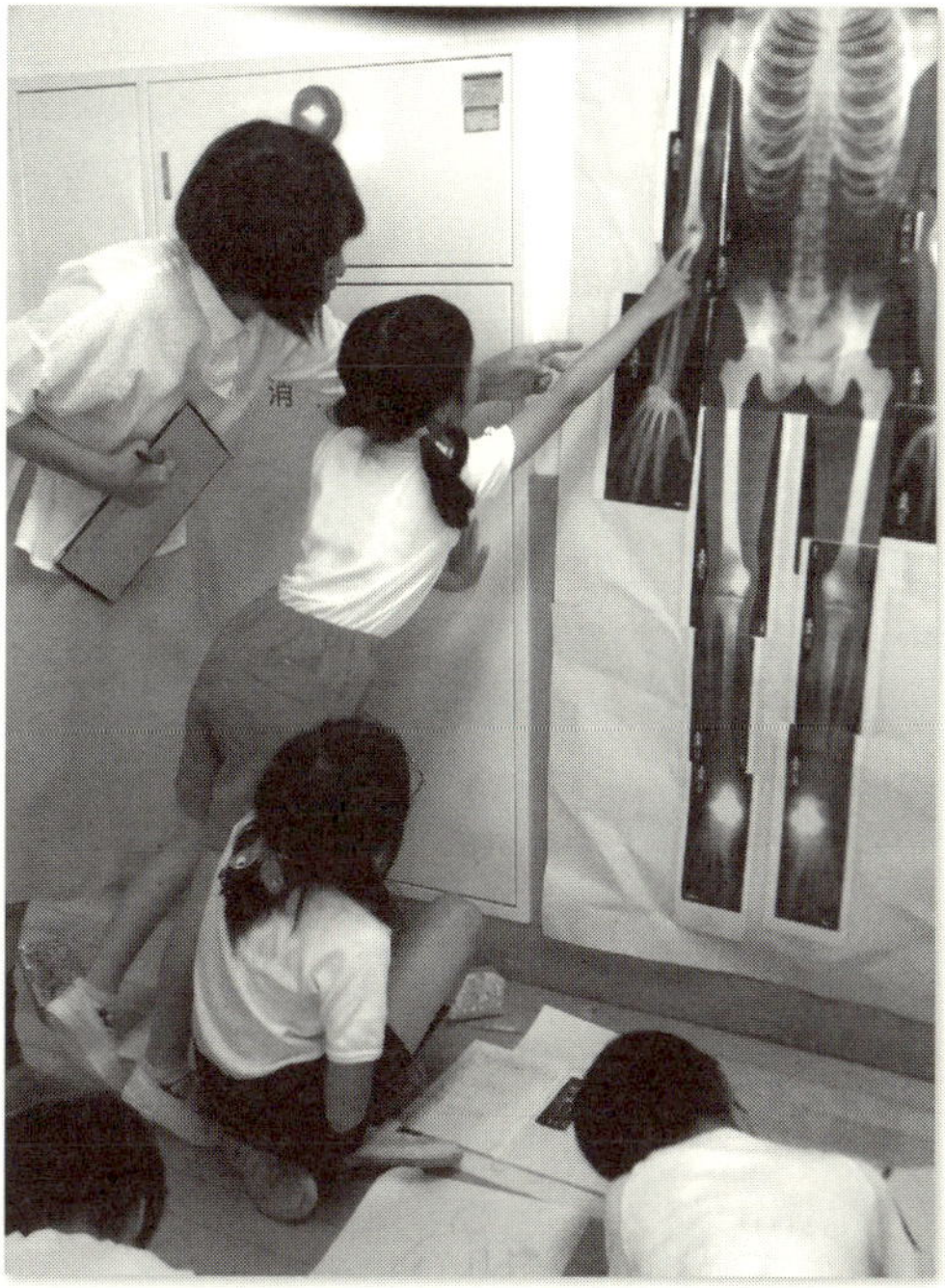

前時のレントゲン写真で見た腕の骨やつなぎ目をもとに、全身の曲がる部分についてレントゲン写真を指しながら、部分と全体を捉えていく。

手や腕のつくり

単元を横で見る →

自分の体のつくり

自分の体をさわりながら、腕が曲がるところとレントゲン写真を関係づけていく。

すべ

視点をつくる の実践

5年理科 ヒトの誕生

「知識を与え、考えさせる」から脱却し「経験や現在の知識（既習）から考える」へ転換する

「ヒトの誕生」の単元は、教科書に掲載された妊婦の大きなお腹を提示することで赤ちゃんの「姿や大きさ」に着目させ、「赤ちゃんは、お腹の中でどのように育ってきたのか。」と教師が問いかけ予想することから始めるという流れが多く見られます。

しかし、それだけでは予想することが困難な子どももいますし、「予想」ではなく、ただの「空想」で終わってしまうことも考えられます。このような導入で、本当に子どもたちがイメージし考えられるのだろうか……という疑問が残ります。

そこで、「知識を与え、考えさせる」という従来の授業から脱却し、「メダカの誕生」や、「植物の発芽と成長」の視点や考え方を基盤に、ヒトの体のつくりと育ち方の関係を捉

える「経験や現在の知識（既習）から考える授業展開」への転換に取り組みました。

メダカやカボチャの観察を「思考の基盤」としたヒトの誕生

本単元の基盤となるのは、メダカ（生き物）の卵から成魚になるまでの観察と、カボチャ（植物）の花が実になるまでの観察です。子どもたちが色、形、手触りなど、時間の経過とともに違いを発見していく常時活動を経験しておくことで、生命の「育ち方と時間」を関係づけた視点をもつことができます。

メダカの卵の成長の学習では、数年前より、メダカの卵と成魚との比較から学習を展開しています。

メダカの卵と成魚とを比較することにより、「いつメダカの形になるのだろう」「いつ動くようになるのか」「いつ、メダカのような黒い目ができるのか」と、日数、形、動き、色といった視点が子どもたちから生まれ、その視点をもとに変化を観察していきます。

この比較を取り入れた授業展開では、従来の単なる変化の発見を集めて、違いを整理していく学習とは異なり、次のように、子どもの発見の質が深くなっていきました。

「思考の基盤」
既習の中でも、次の学習での思考に大きく関わる既習であり、これを中心に授業を構成していくことで、思考の系統性がつくりやすい。

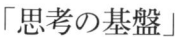

〈従来の授業〉		〈卵と成魚の比較を取り入れ、視点を明確にした授業〉
目ができた。	→	黒い目が変わって銀色の魚の目みたいになった。
何かが動いた。	→	体をぐるりと回した。
何か流れている。	→	心臓がポンプのように動いて、血をめぐらせている。
あわができた。	→	あわの数がだんだん増えていっている。

成魚と比較し、視点をもって観察していくことで、卵の中で成魚に近くなっていく成長の変化を、具体的なつくりの変化として見出すことができました。

観察にあたっては、水槽、苗植え、花壇、顕微鏡などを、教室や廊下、空き教室などに整えました。子どもたちが、いつでも自分から観察できる環境を整えるためです。また、これらの準備を子どもたちと一緒に考えながら行うことが、「観察してみたい」という子どもたちの意欲を高めることにもなります。こういった自主的な観察学習が思考の基盤、視点づくりのきっかけになります。

子どもたちは、これらの観察によって時間の経過とともに卵や苗が変化する様子を発見する（気づく）ことを繰り返して、「育ち方と時間との関係」が知識となります。

つまり、教師が教科書やプリントで知識を与え、教え込むことがなくなり、子どもたちの発見から学習が展開されるようになっていくのです。

「既習」を基盤とすることで子どもたち全員が共通のイメージをもつことができる

カマキリ、トカゲ、イヌ、ネコなどの飼育経験があったり、本などで動物の体のつくりや育ち方を知っていたりする子どもたちは、それらを基盤として、ヒトの体のつくりと育ち方を考えることができます。

では、そういった経験や知識をもっていない子どもたちを視点にすると、授業はどのように展開されるのでしょう。考える土台にのることが難しい子どももいることが予測できます。

そこで、すでに学習した単元で観察した生き物や植物を基盤として考えていけば、全員が共通のイメージをもつことになります。既習の単元を基盤にすることで、全員の「わからない」を救うことができるのではないでしょうか。

「思考の基盤」のメダカの育ちと関係づけ、ヒトの育ちと時間を予想する

出産直後（280日目）の赤ちゃんの写真や人形を見せた後、

「生まれたばかりの赤ちゃんは、メダカの育ちで考えると、どこと関係づけられるのかな。」

と教師が掲示物を活用しながら発問すると、子どもたちは、しばらくざわつき、人間の赤ちゃんを、掲示してある既習のメダカの育ちのどこに位置づけるか迷いました。

子ども同士のつぶやきや話し合いの末、ヒトの姿になっている赤ちゃんを、卵から生まれたばかりのメダカの稚魚と重ねることで話し合いが進みました。そこで、

「メダカは卵の中でだんだんと変化していったけど、ヒトもメダカと同じように、お母さんのお腹の中で、目ができたり、形ができたりしていくのだろうか？」

という問いが生まれていきました。ここで、ヒトのお腹の中にいる赤ちゃんの育ちがメダカと同じかどうかを調べたいという興味と課題が生まれました。

その際の調べていく視点は、「思考の基盤」となっているメダカの育ちの「体の動き」「色の変化」「形の変化」「日数」という視点です。

予想は、調べる視点に変化する

実は、視点はすぐには出てこないものです。子どもたちが予想を話し合う中で、視点となることを教師が拾い上げていく過程を積み重ねていくことが大事になります。視点があることで、観察や実験がより明確に捉えられていくことに子どもたちが気づいていくことで、視点をもって比較するという思考の「すべ」を子どもたち自らが使えるようになっていきます。調べる視点をもつことができた子どもたちは、調べる方法を考えるときに、「〇〇を調べたいから、こういう方法はどうだろうか」という目的を意識しながら考えるようになります。

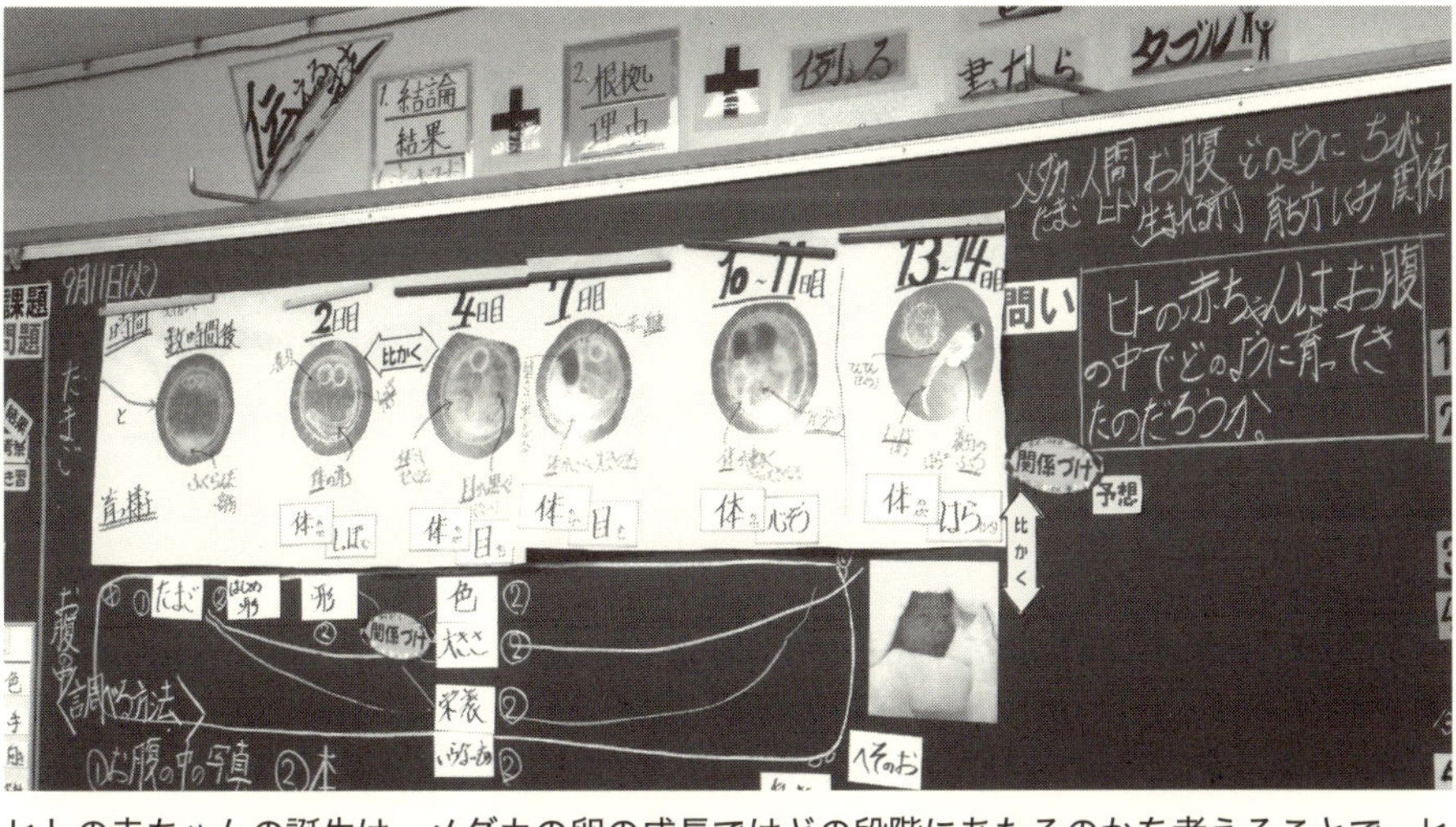

ヒトの赤ちゃんの誕生は、メダカの卵の成長ではどの段階にあたるのかを考えることで、ヒトのお腹の中での赤ちゃんの成長を、メダカの成長と関係づけながら考えることができる。

こういったことを通して本学習で子どもたちは、次のような課題を考えました。

①メダカは、卵がうまれて約14日くらいでメダカの形になったけど、ヒトの赤ちゃんは、何日くらいで生まれるのだろうか？

②メダカは途中で心臓がポンプのように動いて血をめぐらしていたけど、ヒトも同じなのだろうか。

③メダカは途中で体をくるりと回したけど、ヒトも同じだろうか？

これらを、エコー写真を見たり、本で調べたり、お医者さんに聞くことにしたりと、調べ方を考えていきました。

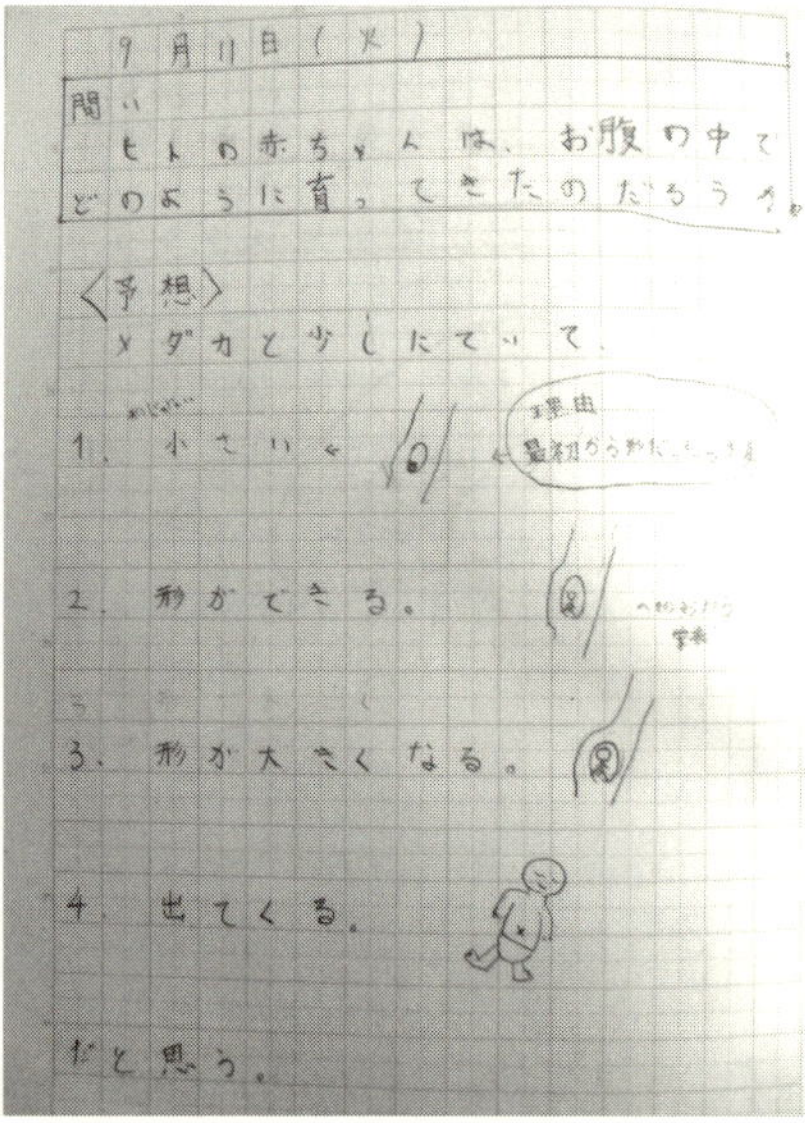

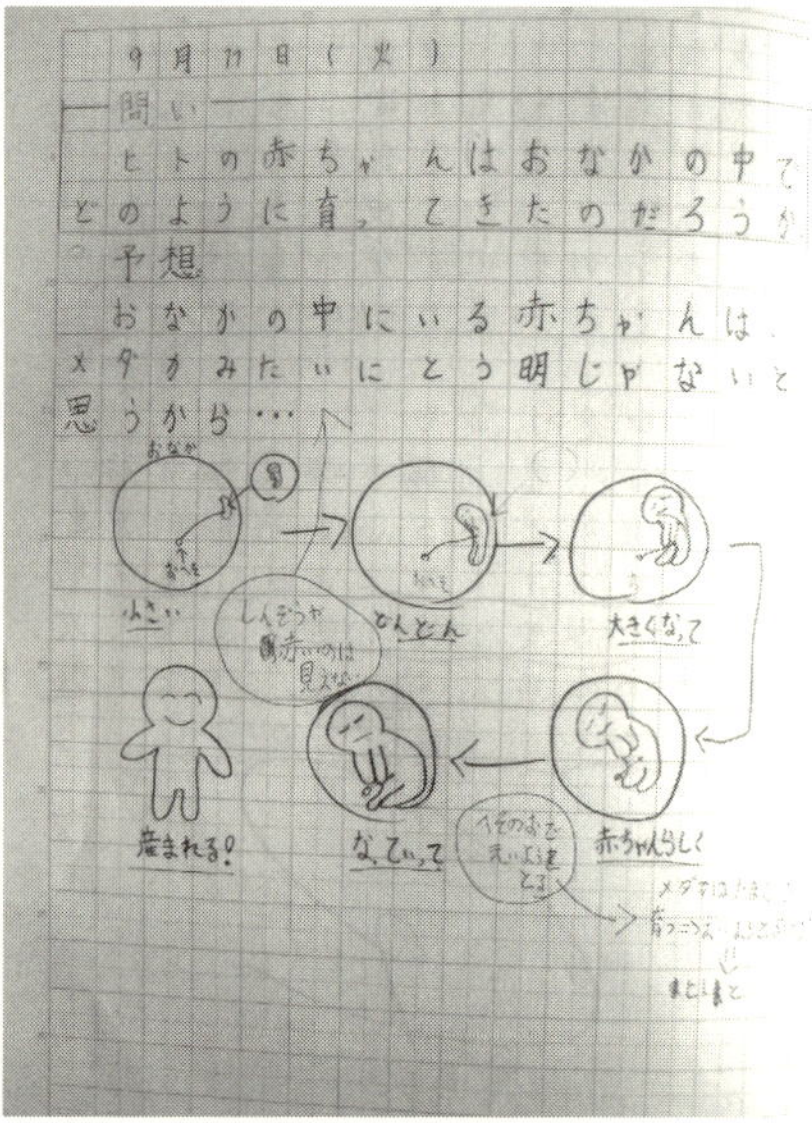

メダカの育ち方と時間を基盤に考えた予想（ノート）

メダカの成長を基盤としたときにヒトの成長についてはどのようなことが言えるかという視点をもったことで、子どもたちは具体的な予想を行うことができるようになった。

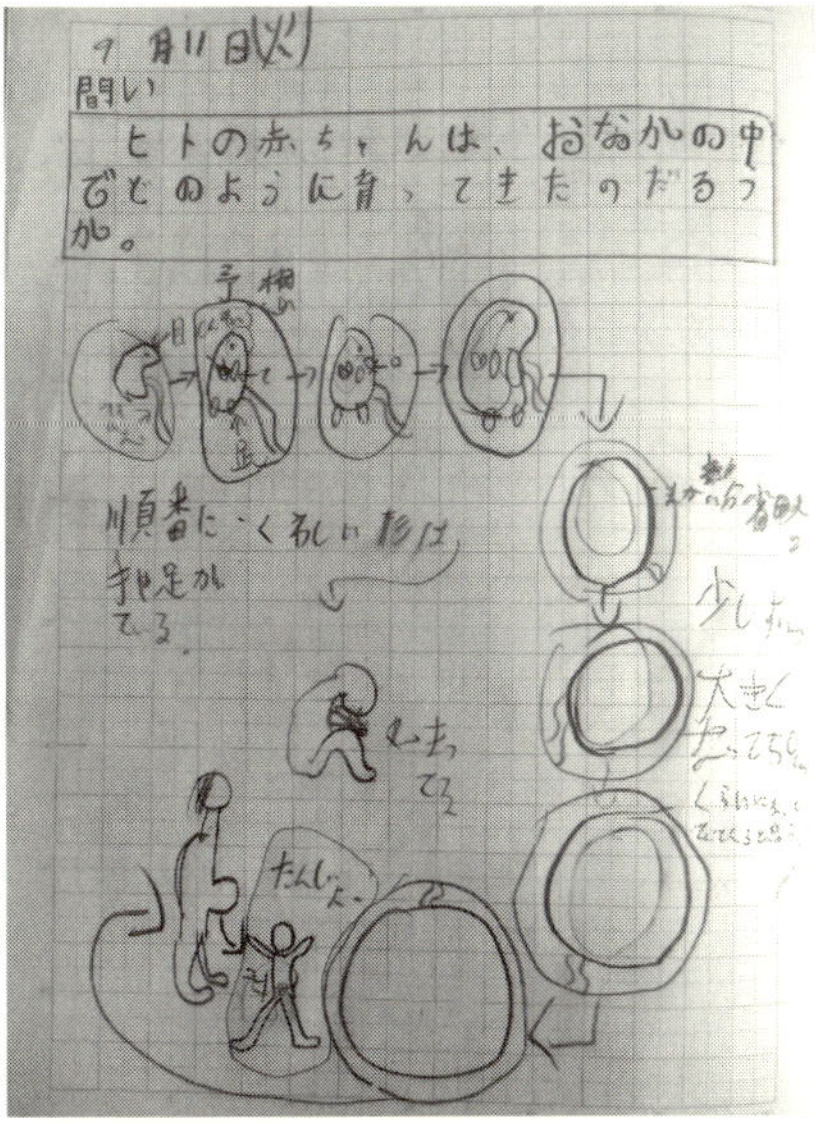

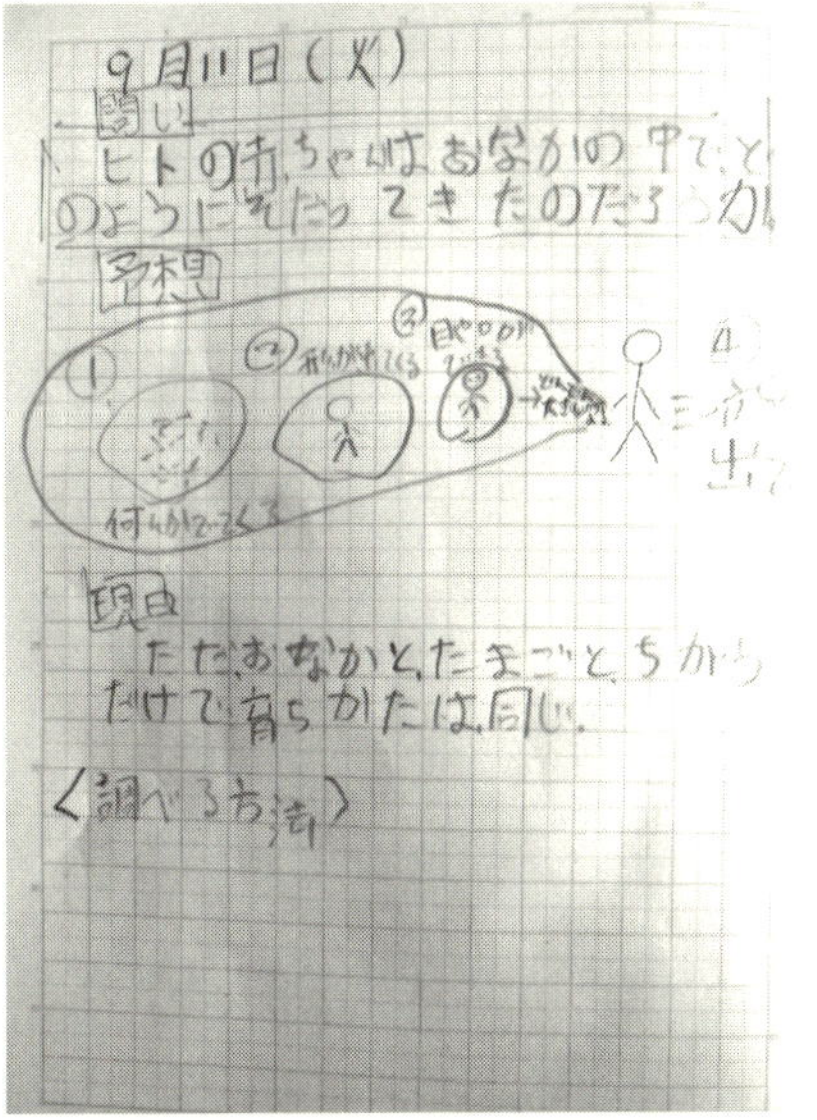

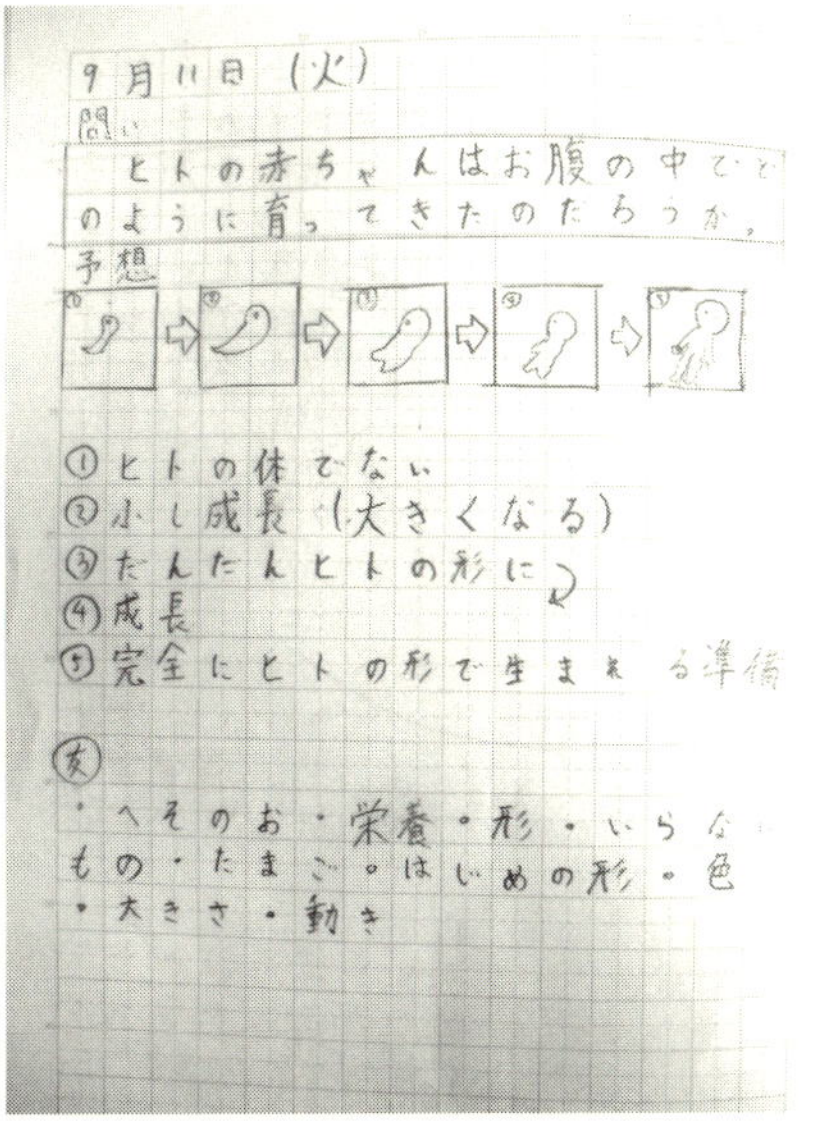

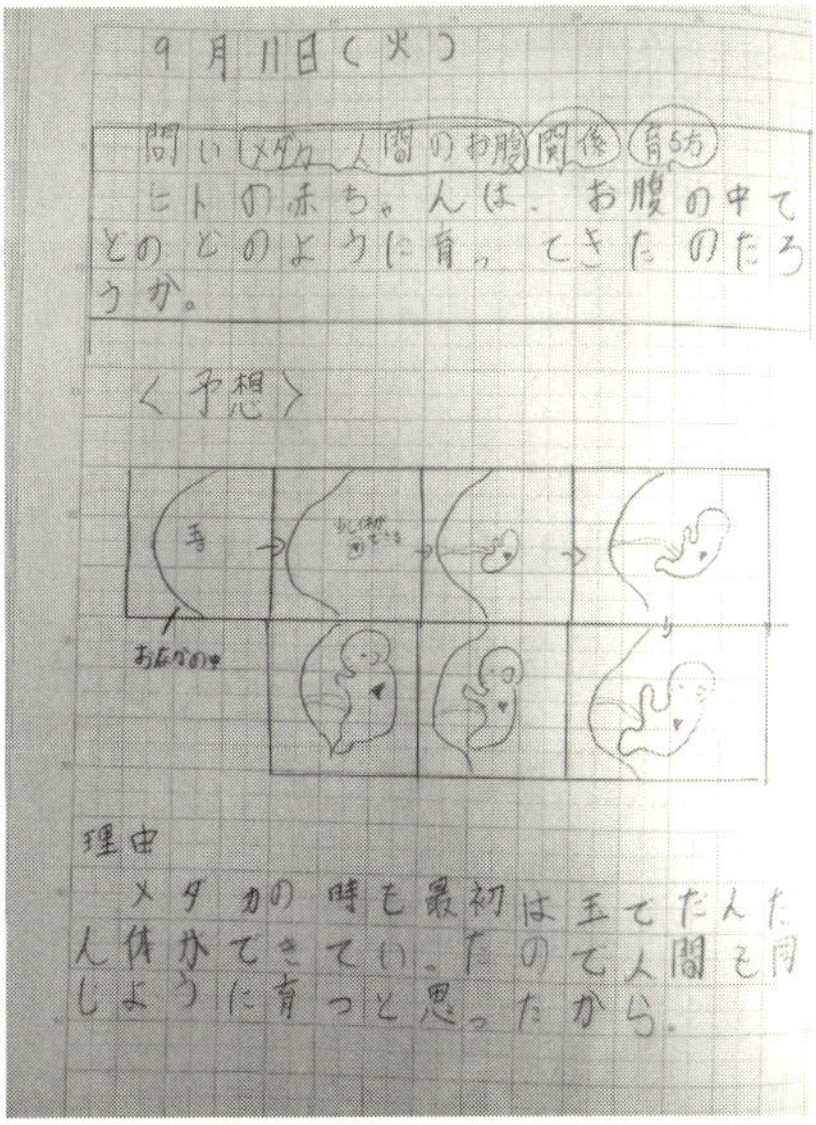

「視点をもたせる」

漠然と観察するのではなく、視点をもって観察することにより深い思考ができる。視点は、子どもと共に見つけていく授業にしていく。

この単元の学習をこえて成果があらわれた

子どもたちに視点をもたせる取り組みを行った結果、「ヒトの誕生」の単元の学習にとどまらず、さまざまな成果をあげることができました。以下にそれをまとめます。

●基盤や既習と関係づけることができた

・ただ想像する「思いつき」の予想から、「根拠」のある予想になりました。

・メダカとヒトの育ちを「似ている」「一部の共通」などの部分に視点をもちながら考えることで、関係性でものを見るようになりました。

・思考の基盤をつくることで、ものごとを考えるのが苦手な子どもたちが、考えやすくなりました。

●学年や教科を問わず貫く視点をもたせることができた

・本単元までの学習の積み重ねの「視点をもって見る」経験が生かされました。特に、大きさ・形などの視点は、生活科のアサガオの種の観察や、算数の図形を見るときの視点と変わらないことが子どもたちの意識の中にあります。漫然と調べるのではなく、「何を見て調べるのか」という目的が明確になったことで、情報量(たくさんの本や写真)が多くても、目的に沿った調べ学習を行うことができるようになりました。

●生命の共通性についての見方を捉えることができた

・ヒト、生き物、植物を単体で見るのではなく、「生命を共通して捉える」単元構成にする必要があります。メダカやカボチャと関係づけてヒトの誕生について捉えることのできた子どもたちは、「全体と部分」という大きな捉え方をすることができました。また、後の発展学習「水耕栽培」では、ヒト・メダカ・インゲンマメなど、必要な条件と育ち方と関係づけて、土を水に、太陽をＬＥＤにと置き換えて考えていく思考方法も身につけました。

●子どもたちに「転用する姿」が見られた

・さまざまな教科学習の中でも既習を関係づけて考えようとし、ノートを見直す、「前にもやったんだけど……」と基盤の考え方と関係づけて話す、といった姿が増えました。経験や既習を関係づけてものごとを考える子どもになってきたように感じました。

・子どもたちは、絵の鑑賞や、運動の様子を見るときにも、「何を見る？」と、視点を決めると変化がわかりやすいことを捉えていました。

コラム・東菅小学校③

先生たちのつぶやきが詰まった宝物

私には、とても大切な秘密の手帳があります。

「先生のつぶやき手帳」です。

毎日の学校生活の中で、先生方が何気なくつぶやいた言葉を書き留めておく手帳です。

たとえば、座談会にも参加してもらった濱口さんの語録を見てみると……。

「3年前と同じ学年なのに深まりが違う。……電気の流れ方の学習で、いまはつなぎ方に目がいく。以前は、導線のくねくね曲がったところに目がいっていた。その違いは、『今日見ることは何？』と視点をもたせたから。」

子どもたちに視点をもたせることの大切さに気づいたときの言葉です。こういった言葉は、ほかの先生方にも共有してほしいもの。メモしておきます。

「気づくと、子どもが私の上をいっているんですよね。想像していないことを言う。」

何かのきっかけで、ついもれてきた本音です。教師なら多くの方が一度は、こんな感覚にとらわれ、戸惑ったことがあると思います。と同時に、「子どもは教師の想像通りのことばかり言うわけではない」ということでもあります。予定調和の授業、綿密につくり上げた授業の危うさをあらためて思い出させてくれる言葉でもあります。

ときどき、この手帳を取り出して眺めては、何度も笑ったり、ハッと気づいたりしています。この手帳は、校長としてみんなと一緒に研究を行う上でかけがえのない、宝物の手帳なのです。

（葉倉 朋子）

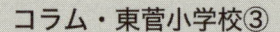

座談会

東菅小学校
ホンネ職員会議

Part 2

私が黙っていると子どもたちがどんどん話して、とんでもないことになるんじゃないかという「怖さ」がありました。

渡邉：村田先生も、研究の初年度から携わっていらっしゃいましたよね。そういう意味では濵口先生と同じ。濵口先生は「大変だった」ということでしたが、村田先生もやっぱり大変でしたか？

村田：そうですねえ。私の場合、教員になってからある程度年月も経っているので、自分の中に「財産」があるという自負もありましたので……。いまさら「比較」とか「関係づけ」と言われても、という気持ちはありましたね。どうして「比較」しなくちゃいけないの？　「関係づけ」って何？　仲間たちと本当によく話し合いました。特に「関係づけ」が難しかったですね。何をもって「関係づけ」と言うんだろうと、そこからですね。

渡邉：「比較」は？

村田：「比較」はまだよかったですね。比べることだなと意味はわかりますから。ただ、どうして「比較」しなきゃいけないんだろうという疑問はずっとありましたね。だって、「比較」を取り入れなくたって、いままでずっと授業ができていたから。いくつかの学校を経験してきて、研究にも取り組んできて、私なりに「授業がちゃんとまわっている」「子どもたちもちゃんとこっちを向いている」と思っていました。

渡邉：なるほど。大きな問題は感じていなかったと。

村田：そうです。でも実はその中に、私が黙っていると、子どもたちの話がどんどん広がってしまって収拾がつかなくなってしまうだろうという「怖さ」がありました。さっきの足立さんと同じですね。授業は「ねらい」に迫らなきゃならないのに、「ねらい」に迫るために使えるのが、私の言葉しかなかったんです。

渡邉：それが変わってきたのはいつから？

村田：きっかけの一つは、私の中で「関係づけ」が少しずつ見えてきたときですね。私は「関係づけ」とは、「共通していること」だとか、「そこから派生して考えられること」といったことだと、私なりに捉えているんですね。それを自分のわざとして使えるようになってきたときに、子どもも使うようになってきたんです。そうなってくると、子どもが自然に話を重ねていってくれるんです。ゴールに子どもが結びつけてくれるんです。そのときに「この研究は、私がいままでやってきた研究とはまったく違う研究なんだな」と思いました。

渡邉：どういうことですか？

村田：以前にいた学校のなかには、子どもたちに話をさせることを大切にする研究をしているところもありました。でもどうしても、それだけではゴールに近づけなかったんですね。それが、「比較」や「関係づけ」ということを子どもたちが使うようになると、子どもたちの力でゴールに近づいていくんです。

渡邉： それは、子どもたちが方向性を見出すということですかね。

村田： そうですね。すぐにそうなったわけではありませんが、毎年毎年繰り返していく中で、子どもたちが「比較」や「関係づけ」を使えるようになって、見通しをもつようになっていったんです。これは私の中では、改革というか大転換というか、とにかく本当に大きな変革となりましたね。

渡邉： 実感をもつことができたんですね。

村田： 忘れられないのが、6年生の理科の「てこ」の単元でした。支点からの距離と力との関係について学ぶわけですが、「実験用てこ」って、支点からの距離を表す番号が表示してあるじゃないですか。このうちのどれとどれを比較させればいいんだろう、いくつの点を比較する必要があるんだろうって、悩んでいたんですね。そうしたら角屋先生や校長先生が「それは、支点から遠い点と近い点の2つだけでいいんだよ」ってアドバイスしてくださって。そうか、「比較」はシンプルでいいんだって気づくことができました。ここを見せたいということがはっきりしていれば、そこが比較できるようにすればいいんですよね。こんなにすっきりした理科は、私の中でも初めてでした。もしかしたら、初めて「すべ」に取り組むのなら理科がおすすめかもしれませんね。

渡邉： 条件を整理することができますからね。

村田：いまは算数でも「比較」や「関係づけ」を取り入れていますが、「これとこれを比べてみようか」「これは何と関係づけられるかな」と、子どもたちと一緒にいろいろやっています。でもまだまだ私自身、しっかり自分のものにできているとは言えないですね。まだまだです。

渡邉：でも考えてみれば、いままでの授業だって、「比較」とか「関係づけ」って、無意識のうちにやってましたよね。そうしないとものごとが見えませんもんね。

村田：そうです、そうです。やってました。

渡邉：でもそこにフォーカスがなかったんですね。

村田：あと、もう一つ大きなことは指導計画ですね。いままで私は「本時」をものすごく意識していたんですね。全体の指導計画よりも、まずは「本時」だと。でもこの研究では全体の指導計画を大切にするんですね。私もいまは、全体の指導計画をたてないと「本時」のことが考えられなくなりました。授業のねらいや見通しを大切にしたいからです。そういった、全体を意識した授業になっていると、子どももおのずと前回までの既習を引っ張ってきて、本時の課題を考えるようになってきたんです。

渡邉：全体像を見ながら、パーツとしての本時を捉えるようになってきたと……。

村田：ですからお恥ずかしい話ですが、いまになってあらためて、授業を考えるときには全体像を見なきゃ、前の学年の学習も見なきゃと思えるようになりました。

校長先生も若い人も、ガンガン私に言ってくれる
東菅小学校というチームがよかったんです。

渡邉：失礼ですが、村田先生ほどのキャリアのある方が自己変革をするというのは、とても大変なことですよね。それを可能にしたのは何だと思いますか？　研究のおもしろさ？　それともご自身の人間性？

村田：周りの仲間だと思います。この歳になってくると、周りの人は何も言わなくなるんですよね。前の学校でもそうでした。ところが東菅小学校では、校長先生がガンガン言ってくるんですよね（笑）。授業にもふらっと入ってきて、あとでいろんなことを話してくれる。そういう空気があるからか、若い人たちもどんどんいろんなことを言ってくれる。私も言ってもらっているだけじゃなくて、感じたことは伝えるし、いい授業をいろいろ見せてもらっている。そういうことの積み重ねの中から、感じることや、つかめるものもあるんじゃないかしら。だから大切なのはその集団がどうか、ですよね。東菅小学校というチームがよかったんだと。

渡邉：どんなキャリアの先生でも、変わっていくことができるんだと。

村田：そんなにすごい話なのかどうかは、自信がないですけど……。私の場合は、引き出しはあったんですよね、積み重ねた経験で。ただ、その引き出し同士がつながっていなかった。いろんなものがバラバラに入っていたんです。

渡邉：よくわかる気がします。中に入っていたものが整理できて、幸せでしょう。

村田：ふふふ、確かに幸せですね。でも、いちばん幸せなのは子どもだと思います。あれだけ自分の考えを話せて、ときには相手を説得するという経験もできて、自分の考えをみんなに共有してもらって……。

渡邉：共有してもらえないということもあるのでは？

村田：そう。たとえば4月、5月ごろ。新しいクラスになったばかりのころには共有してもらえないこともありますよね。教師と子ども、あるいは子ども同士でも、まだ人間関係が結べていないから。そういうときに何が大切かっていうと、やっぱり学級経営かなって思います。

渡邉：私も学級の中の人間関係や信頼関係って大切だと思うんですが、そういう関係が出揃って、その中でみんなから信頼される子どもが何人か出てくると、いつの間にかみんなが、その数人の考えに賛同して、そっちに流れていくということが起きるようになるわけです。クラスが一丸になっているようにも見えるんですが、そういう信頼関係があったとしても簡単に流されてしまうんじゃなくて、「ちょっと待って、もう一度考えてみようよ」と言える子どもいることが大切だと思うんですが、村田先生はどうお考えですか？

村田：渡邉先生の授業を見ていると、そういうところを、先生がファシリテーターとしてちゃんとやっていらっしゃいますよね。子ども同士で話をさせると、お互いにそういう部分も含めてうまくやっている「ように」見えるんですよね。でも、同じ方向に進もうとしていることが多いので、必ずしもうまくはいかないんですよね。やっぱりそういうところをちゃんと見ておいて、必要なときには私が入っていって視点転換のきっかけをつくってあげることができる教員にならないといけないんじゃないかと思います。

渡邉：子どもたちはまだまだ経験も少ないし、視野も十分に広がってはいないから、自分たちだけでは処理できないところが出てきますよね。そういうときにも対応できる力をもっているかどうかということが、教師に問われることになりますよね。

「産みの苦しみ」って グッとこらえることなんです。

葉倉：村田先生は授業を変えるために本当に苦しんでいましたよね。いままでだってうまくいっているものを、どうして変えなければならないのかって。そうやって苦しんでいるのに村田先生はすごいなって思ったのは、余計なプライドなんか気にしないっていうところですよね。ベテランの先生って、誰かに何かを教えてもらうのを恥ずかしいと感じる人も少なくないんです。でも村田先生は、「こういうこ

とで困っているんですけど、どうしたらいいんですか」って、どんどん聞いてくる。そこに誰がいようと、新卒の先生の目の前であっても。それは、村田先生が学ぶということに対してどん欲だからだと思うんです。ベテランの先生であっても真剣に、どん欲に学ぶ姿を見せるということは、若い先生方にとって、ものすごく刺激になったと思います。

渡邉：それは意識してやっていたんですか？

村田：ぜんぜん意識してないですよ。ただときどきは、「私、みんなより年上なのに、なんでこんなに言われなきゃならないんだろう」って思ったことはありましたけど（笑）。でも、私は本当に自分の授業を変えたかったら、どんどん言ってくださいってお願いしてましたね。

渡邉：でも、切られたら痛いでしょう。いくらいろいろ吸収したいからっていっても、やっぱり切られた直後は痛いし、苦しいですよね。

村田：うーん……、それはいろいろ言いたいことはあったし……、全部、夫に聞いてもらってましたね（笑）。でも、男性はわからないでしょうけど、子どもを産むときの「産みの苦しみ」って、グッとこらえることが必要なんですよ。本当にそうなんです。それと同じですね。

渡邉：そうなんだ！

村田：それと、「切られた」と渡邉先生おっしゃるけど、皆さんが私に言ってくださることの中には、いろいろなヒントがあるんですよね。それは私が思っていたようなヒントじゃないこともあるんだけど、とにかくそのヒントを私なりに解釈して、次につなげていくっていうことですよね。

葉倉：村田先生は、何か言われるとそれをヒントにして次の世界をつくっていきますよね。

村田：言ってくださったこと、その通りじゃないかもしれないんですけど、何か自分なりに解釈してつなげていきたいなと。

「この学校の子どもたちに『既習』はないの？」ってつぶやいてしまったこともありましたよね。

渡邉：東澤先生は、研究が始まった当初は学級を担任されていて、途中から教務主任になって学級からは離れられましたよね。そういう意味では見ている風景も違うと思うんですが。

東澤：そうですね。いま皆さんは「教える」という立場からいろいろお話してくださったので、私は子どもの姿から話してもいいですか。

渡邉：あっ、それいいですね。ぜひ聞きたい。

東澤：私が東菅小学校に転任してきたのは7年前で、この研究が始まる前でした。

その頃の子どもたちはどうだったかというと、とても素直。でも自分で考えることはできない――という状態でした。初めての朝会のときにワーワー騒いでいるので「なんてうるさい子どもたちなんだろう」って思ったんですが、先生が「はい、静かに」っていうと、すぐに静かになる。あ、静かにすることもできるんだけど、自分から考えて静かにすることはできない子どもたちなんだ――と感じたんですね。

渡邉：その話はよく聞きますよね。

東澤：あと、最初の頃、4年生の担任との話の中で、図形の学習があったんですね。教師としては当然、3年生までに学習してきたことが身についているという前提で、その上に積み重ねていこうと思ったようですが、3年生までのことがぜんぜん身についていなかったんですね。思わず、「この子どもたちには『既習』っていうものはないのかしら?」って言っちゃったことがあったんです。

村田：ありました、ありました。

東澤：その頃の授業って、一つの単元が終わると、はい次の単元。それが終わると、じゃあ次の単元――って、どんどん進んでいっていたんですね。教師としては、一度学習したところは身についているっていう前提だったわけですが、実はそうじゃなかったわけです。それが、「比較」や「関係づけ」を取り入れた学習になると、子どもたちがそれまでに学習したことと比べたり、関係づけたりするようになって、それによって「既習」の内容もしっかり定着するようになったなと感じました。

私たち教師にとって「当たり前」だと思っていたことが、子どもたちにとっては当たり前じゃなかったんですね。さっき村田先生が「本時だけじゃなく、単元全体や、前の学年で学習したことも意識するようになった」とおっしゃっていたんですが、そうすると、「前に勉強したことを思い出してごらん」といった投げかけをすることも、自然と多くなっていったんだと思います。それで子どもたちの、一度学習したことに対する考え方も変わったんだと思うんです。教師の意識が変わったことで言葉がけが変わり、それによって子どもたちの考える力も育っていったんだなと思います。

渡邉：なるほど。

東澤：もう一つ、覚えているのは、数年前に低学年で漢字の授業をしたことがあるんですね。そのとき、「この2つの漢字の似ているところを探してごらん」と言いながら、「比較」のカードを何気なく黒板に貼ったんですね。そうしたら子どもが「先生、算数の時間じゃないよ」って言うんです。当時はまだ算数だけでこの研究を行っていたから、子どもたちは「比較」を使うのは算数だけだと思っていたんでしょうね。ところが今年、4年生の国語の授業に入ったら、「それは、こっちと関係づけて考えられるよね」という言葉が、子どもたちから自然と出てくるようになっていたんですね。東菅小学校の研究は算数と理科だったわけですが、それを先生方がほかの教科にも使うようになってきているし、普段の生活の中にも広げ

ていらっしゃるんだと思います。そういったことで、子どもたちの中にもしっかり浸透してきているんだと思います。

渡邉：我々に比べると教室に入る機会が少ないから、かえって子どもたちの変化がよく見えるということもあるのかもしれないですね。

東澤：いま、東菅小学校の先生方が同じ方向を向いて、「こういう子どもを育てたい」っていう思いを共有して、同じ思いをもって取り組んでいることが、そういう積み重ねになっているんじゃないかと思います。

村田：私も先日、1年生のクラスで授業をさせてもらったんです。そのときは漢字の「一」と「二」の学習だったんですが、この2つの漢字を黒板に書いて、私が「くらべる」というカードを貼ったとたんに、子どもたちがいろんなことを言い始めるんですよ。似ているところ、同じところ、違うところ……細かいところまで、とにかくいろんなことを言うわけです。1年生で、しかもいつもの先生じゃない授業でも、こんなにいろいろなことを考えることができて、発言もできるなんてすごいなと思いました。いまの東菅小学校なら、どのクラスでもそうなっているんでしょうね。

渡邉：いまの話はとてもおもしろいですよね。教室で学んだことが教室を出ていかないといった問題を指摘する声もあるけれど、いまおっしゃっていただいた話では、学びの汎用性が広がっているということだと思います。

「すべ」って眼鏡みたいなものじゃないかな。うまく見えなかったら、違う眼鏡に変えてみればいい。

渡邉：いままで5年間研究をしてきて、それなりの成果が出てきたということも言えると思うんですが、我々の研究はこれから、どうしていけばいいと思いますか？

村田：私も算数や理科以外に「比較」や「関係づけ」が使えないかと思って、実はこの間、各学年の国語の説明文の授業を「すべ」を使ってできないか、考えてみたんですね。ところがこれがなかなかうまくいかない。1年生は「問いと答え」という単純な形なのでうまくいったんですが、2年生以上となるともうどうにもならなくて……。

渡邉：シンプルに考えてみればよかったんじゃないですか。説明文の学習って、実はシンプルだと思うんですよ。ほとんどは「はじめ」と「おわり」に筆者の主張があって、「なか」はそれを説明するための枝葉だと僕はよく言うんです。そういうものだと踏まえたうえで、「比較」を使って読んでみようとか、「関係づけ」はどうだろうと。

村田：渡邉先生の説明文の授業は早いですもんね。

渡邉：私は「すべ」って眼鏡みたいなものかなと思っています。はじめは肉眼で見てもよくわからないから「比較」の眼鏡をかけて見てみる。それでもよく見えなかっ

たら「関係づけ」の眼鏡で見てみる。「これは『比較』かな、『関係づけ』かな」と悩んでいるよりずっと早い。汎用性ということを考えるのであれば、そういう使い方もあるんじゃないかなと。

村田：なるほどね。私は複雑なものを複雑なまま捉えているのかもしれない。シンプル化して捉えることも大切ですね。

葉倉：そう考えると、これからの時代は教師だけじゃなくて子どもたちにとっても、大量の情報をどう処理していくか、どうやってシンプル化して考えることができるかということも大切なのかもしれない。

濵口：授業を考えるときに教科書の指導書を参考にすることが多かったんですが、指導書の指導案の中に「比較」とか「関係づけ」を織り込んでいこうとすると、ものすごく難しいんですよ。指導書を書いた人にもそれぞれの思いのようなものがあって書かれているわけですから。だから最近は、指導書も見ますが、むしろ根本の学習指導要領を見ながら授業を考えることが増えてきていますね。この単元のねらいが何なのかがシンプルに見えてくるから。

米倉：道徳の授業で子どもたちに何を教えるべきなんだろうって考えることがときどきあるんですが、教科書や指導書に書かれていることをそのまま子どもに教えても意味がないように思うんです。教師に教えてもらって知るんじゃなくて、自分で気づけるようにすることが大切なんじゃないかなと。気づくことができる眼鏡を子どもたちにもたせてあげるのが教師の仕事なのかなとも思うし、教師も自分でそれを見つける眼鏡をいろいろもっていなければならないんだろうなと。

渡邉：それは道徳だけじゃないよね。

米倉：そうなんです。どんな教科にも言えることだと思うんです。教科書に書かれていることそのままじゃなくて、それを通して子どもたちに何に気づかせるのかという本質的なことを教師が自分の眼鏡で見つけていかなくちゃならない。でも、教師が自分でも眼鏡をもつって大変なことなんですよね。一つだけじゃなくていろんな種類をもってなくちゃいけないし、そのためにはいろんな眼鏡屋さんに自分で行って、いろいろ見て、探さなくちゃならないから。

濵口：私はさっき学習指導要領を見るって言ったんですけど、学習指導要領にも本質って実は書いてないんですよね。だから教師はそれを探さなくちゃならないし、探すのはとても大変。でも、それを探すことがとても大切なんだよっていうことを、角屋先生に教えていただいたと思っています。

渡邉：大切なんだっていうことは教えていただいたわけだけど、その大切なものをどうやって探すのかっていうことは、我々が自分たちで考えていかなきゃならないことだよね。それが次のスタート地点なんじゃないかなっていう気がするね。ここが次の「産みの苦しみ」なのかな。

葉倉：子どもたちも「比較」や「関係づけ」によって、何かを生み出すことができそうだというところまではきていると思うんです。それは子どもたちが成長してきたということではあるんだけど、そこが天井になってしまってはいけないと思うんです。育ってきているからこそ、「先生、その先は何ですか?」っていう問いを、子どもたちから感じるんです。これからの情報のあふれる社会の中で育っていく子どもたちにとって、「比較」や「関係づけ」が生き方のどこに結びつくのかということを、私たちは考えていかなければならないんじゃないかな。

渡邉：そうですね。そうでないと、「すべ」がツールで終わっちゃいますよね。

「すべ」を使いこなせるようになることが目的じゃないんです。

渡邉：角屋先生は今日は、ずっと我々の話につき合ってくださったわけですが、こんな私たちの話をお聞きいただいて、どんなことをお感じになったのか、あるいはお考えになったのか、最後にお話しいただけますか。

角屋：そうですね。じゃあ、私は東菅小学校における「すべ」ということから、少し話してみますね。東菅小学校が子どもたちの思考力育成についての研究を始めてからこれまでの数年間を「すべ」を柱に考えてみると、まず「すべ」を理解して、次に使えるようになる段階だったと言うことができると思うんです。まず「すべ」を

理解するためには、今日の話を聞いていてもわかる通り、皆さんとても苦労されたし、時間もかかった。ただ、そこで苦労した分、理解したあと使えるようになる部分は非常にスムーズにいきましたね。ここまでが「すべ」についての第1段階です。

渡邉：それが第1段階。いま東菅小学校がいるのは……？

角屋：第1段階から第2段階に移ったところだと思います。第2段階は、算数や理科という教科の枠の中だけで考えていたことが、その枠をこえてどの教科でも汎用的に使えるようになる段階です。大切なことは、この段階でとまってしまったら、「すべ」を学ぶことが目的だった——ということで終わってしまうと思うんです。「すべ」を学ぶことによってこの学校は何をめざすんだという、ある意味教育の本質に迫っていかなければならないわけですが、実はその解答は、先生方ご自身の中にあると思うんです。

渡邉：どういうことですか？

角屋：「すべ」を使うこと、「すべ」を自由に使いこなせることが目的じゃないんです。「すべ」を使うことによって一人ひとりが成長していくということ。またその成長を自分で実感できるということが大切なんです。そこでもう一つ、忘れてはならないのは「集団」としても成長していくということです。東菅小学校は、子どもたち一人ひとり、あるいは先生方一人ひとりも成長しているんですが、学校という集団としても成長しているんです。この集団としての成長は、校長先生をはじめ

とする管理職の皆さんの支えがあったことが大きいと思います。この本を読まれる全国の先生方に申しあげたいのは、「すべ」の研究を通してみんなで学校をつくるんだという意識をもつこと、また管理職は、みんなを生かす学校経営を行うことが大切なんだということです。東菅小学校の研究からはさまざまな提案ができると思うんですが、このことも大きな提案なんじゃないかと思います。

渡邉：いま角屋先生から学校経営が大切なんだという話がありましたが、葉倉先生からは何かありますか？

葉倉：学校経営とはちょっと違うかもしれませんが……、今日の話の中で何度か「校長先生に教えてもらった」ということが出てきたんですけれども、私の中では「教える」というような感覚はなかったんです。確かに私の経験の中からこれは伝えたいということはありましたが、それを教えるというんじゃなくて、授業を見ながら、一緒に考えたり、一緒に悩んだりしてきた——という感じなんですね。強いて言えば、それが私の学校経営だったということになるのかもしれませんね。

渡邉：今日は、これまでの私たちの「思考力育成」の研究についてさまざまな話を聞くことができました。と同時に、私たちの研究がまだ道半ばであることも見えてきたように思います。これからも率直な意見交換をしながら、研究とその実践を深めていくことができればと思います。今日はありがとうございました。

東菅小学校ホンネ職員会議　番外編

校長先生の女子トーク＊思考の「すべ」は、社会でも役立ってます！

葉倉　朋子（前　東菅小学校校長）

大窪《おおくぼ》　真帆《まほ》（元　東菅小学校教諭・研究主任）

東菅小学校で「思考力育成」の研究が始まったとき、「やってみます！」と最初に授業をし、研究主任を務めた大窪真帆先生。その後、教壇を離れ、得意のスポーツ関連の企業勤務となりましたが、この日、葉倉先生を訪ね、近況報告や在職当時の思い出話。実践者だからこそ見えた社会に出てからの思考の「すべ」についての話も飛び出しました。

メダカの卵をしっかり観察させたかったから　まずはメダカに愛着をもたせたんです。

葉倉：大窪さんは初年度から一緒に研究に取り組んでいたのだけれど、思うところあって東菅小学校……というか、教壇を離れ、いまは教育とは別の一般企業でお仕事をされてるのよね。

大窪：はい。いろいろお世話になりました。

葉倉：思い出に残っている授業ってある？

大窪：いろいろありますけど……5年生のメダカの観察は楽しかったですね。一緒に学年をもっていた先生たちと話していて、「こんどの単元ではメダカを観察しま

す。はい、これがそのメダカです」っていうだけじゃさみしいよね、という話になったんです。子どもたちが「これは自分のメダカ」っていう意識をもったら、今までよりももっとよく観察するようになるんじゃないか、ということになったんです。

葉倉：教室にいくつも水槽があったわよね。

大窪：普通、水槽はクラスに1つなんでしょうけど、班に1つの水槽を用意したんですよね。案の定、子どもたちは大喜び。しばらくたってメダカが卵を産むと大騒ぎですよ。「卵を産んだんならオスとメスの両方がいたのかな」って言うと、「どうやって見分けるの？」ということに自然に結びついていくんです。

葉倉：ねらっていたの？

大窪：そうですね。はじめからちゃんとオスとメスの両方を入れておきました。子どもたちには言わなかったですけど。そのうち「卵の様子が変わってきた」「卵の中に何だか黒い点が見える」って言い出して。教科書や本で調べて、「これは目かもしれない」「でも、虫眼鏡じゃよく見えない」っていうので「そうか。じゃあいいものがあるよ」って顕微鏡を持ってきたんです。顕微鏡で卵の様子を詳しく見たいから、子どもたちは一生懸命使い方を覚えようとするんですよ。

葉倉：教科書だと最初から顕微鏡の使い方が出ているけど、子どもたちの方から顕微鏡の必要性が生まれて、使い方を学ぶようになるっていうことね。

大窪：そうなんです。そのうち、「これはたぶん目になるんだと思うけど、おとなの

メダカの目とは違う。どこかでおとなの目に変わるはずだ」って言い出す子がいたりして、「その瞬間を見るぞ」ってますます熱心に観察するんですよね。最初に成魚のメダカに愛着をもっているから、この卵がどうやってメダカになっていくんだろうっていうことに興味津々なんですよ。

葉倉：メダカの成魚を見て、それと比べながら卵の成長を見ていくから、いろいろな発想が出てくるし、理解も深まったんですね。一般的にメダカの卵の観察は、生まれたばかりの卵を基準にして、そこからどう変わっていくかを観察するけれど、観察の基準を成魚にすることで子どもたちの思考が変わったと言えるんじゃないかな。

大窪：そうだと思います。この実践をした当時は、私自身がまだ「基準」という考え方をもっていなかったんですが……。メダカの観察の後に人の誕生について学習するんですが、子どもたちはメダカの卵の成長をよく観察しているから、「視点」ができているんですよね。「メダカはこうだったけど、人はどうだろう」っていう見方をしていました。これも、いまから思えば立派な「比較」や「関係づけ」ですよね。私自身、よくわからないうちにやってました。

「まずやってみる」は、失敗も多かったけど得られたものは大きかった。

葉倉：東菅小学校で「思考の『すべ』をやってみます！」って最初に手をあげたのが、大窪さんだったわよね。

大窪：そう、でしたっけ……。

葉倉：「比較」とか「関係づけ」とか、何だかよくわからないから私まずはやってみます――って言ったのを覚えているのよ。

大窪：うーん。私の性格的にそう言うでしょうね。とにかく最初、角屋先生から「比較」とか「関係づけ」とか言われても、どういうことなのか、みんなわからなかったじゃないですか。だから普通は「ちゃんと勉強して、わかるようになってからやろう」って考えるみたいですね（笑）。でも、子どもたちに「まずはやってみてごらん」って普段言っているんだから、自分もまずやってみないとなって思うんです。

葉倉：いろんな面で新しいことにどんどんチャレンジしていくから、その分、失敗も多いのよね。「やっぱりうまくいきません……」って言ってくるのも、大窪さんがいちばん多かった。

大窪：……すみません。

葉倉：でも、それはいいことだと思うの。やってみて、このやり方ではうまくいかないっていうことがわかってはじめて、じゃあ違う方法を考えなくちゃならないって、次へ進むことができるのだから。

教育の世界を離れても、思考の「すべ」がとても役に立っています。

葉倉：いまのお仕事も順調なんですって？

大窪：それが、「比較」とか「関係づけ」が役に立っているんですよ。

葉倉：どういうこと？

大窪：お客様の要望を聞くときや、こちらから何かをすすめるときって、ただ漫然と聞いたり話したりしたのではだめなんですね。焦点がぼけるというか、説得力に欠けるというか。ところが「お客様の以前の状況と比べていまはどう変わりましたか」とか「お客様が希望されていることと予算のご都合を考え合わせるとこれがおすすめですね」といった具合に「比較」や「関係づけ」を使った会話をすると、納得していただけるケースが多いんです。

葉倉：ほかの同僚の方は真似しないの？

大窪：「『比較』と『関係づけ』を使うんですよ」って説明したことはあるんですが……。「いままでのやり方で大きな問題はなかったんだから……」などと言って、

なかなかやってみようとしない人が多いですね。

葉倉：考えてみれば教員の世界でも、いままでのやり方を変えたくない、自分を変えたくないっていう人もいるものね。

大窪：あと、意識的にやるか無意識かの違いも大きいと思うんです。『比較』や『関係づけ』なんて無意識にやっているじゃないか」という人もいるんですが、無意識にやるんじゃあまり効果が出ないんです。

葉倉：どうして？

大窪：うーん、無意識にやるのではねらいがはっきりしないからだと思います。やっぱり、「ここだぞっ！」って意識して使うことが大切なんだと思います。

葉倉：大窪さんは教育の世界を離れても思考の「すべ」を活用しているみたいだけれど、社会全体を見たときにも同じことが言えるかしら。

大窪：言えると思います。むしろこれからの時代は、一般の社会でこそ、思考の「すべ」をもっているか、意識的に使うことができるかどうかっていうことが、問われていくと思います。教育現場から離れたことで、かえってそのことを強く感じるようになりました。

葉倉：思考の「すべ」に真っ先に興味をもった大窪さんが、今度は一般社会で有効だっていうことを実証してくれているなんて、何だかおもしろいわね。進む道は変わったけど、これからも元気でがんばってくださいね。

あとがきにかえて

大杉《おおすぎ》　徹《とおる》（現　東菅小学校校長）×葉倉　朋子（前　東菅小学校校長）

教師は、授業が勝負なんです（葉倉）

葉倉：私が東菅小学校校長のバトンをお渡ししてからもうすぐ半年ですね。

大杉：そうですね。早いものです。とてつもなく重いバトンを受け取ってしまいました。覚悟はしていたつもりですが、ここまで重いとは思っていませんでした。

葉倉：そんなに？

大杉：はい。葉倉先生が東菅小学校で校長を務められた最後の1年間、私は教頭として、横で一緒にいろいろ見てきました。思考力や「すべ」の研究、校長としての学校経営、そして、授業改善……。いまあらためて、すごい先生だったんだなと、尊敬し直しています。

葉倉：そんなことないですよ。私は自分が楽しくてやっていただけだから……。

大杉：そう！　葉倉先生はいつでも楽しそうなんですよね。印象に残っているのは、去年の秋だったと思います。石井先生（大妻女子大学教授・石井雅幸先生）

においでいただいて、理科室で夜遅くまで実験をされていたことがありましたよね。

葉倉：ああ、ありました。新単元の「雨水のゆくえと地面のようす」の実験ですよね。

大杉：どうしたら子どもたちの興味をひき、わかりやすく見せることができるか……ということの検討だったと思うのですが、なかなか実験が終わらないいんですよね（笑）。教頭として最後に学校の戸締りを確認して帰ろうと思って私も残っていたのですが、1回実験が終わってもぜんぜん満足しない。「もっとこうできないかしら」「ここを変えたらどうだろう」と、何度も何度も実験を繰り返されるんですよね。「校長」という立場なんだから、旗振り役を担ったらあとは現場の先生に任せておいてもいいはずなのに、むしろ葉倉先生が先頭をきって取り組んでいらっしゃる。本当にすごいなあと思いました。

葉倉：ごめんなさいね、夢中になっちゃって。でもあのときは、やっていて楽しくなっちゃったんですよ。私も、一緒にやっていた先生も、石井先生も。だから、遅くなっちゃったな、そろそろ終わりにしたほうがいいなと気にはなっていたんですが、ついつい……。1回実験をやってみると、改善のアイデアが見えてくるじゃないですか。そうしたらそれを試してみたくなっちゃうんですよね。私一人じゃないですよ。あそこにいたみんなが盛り上がっていたんです。

そして気がついたらあんな時間で……。

大杉：本当に楽しそうでしたよね。

葉倉：楽しいんですよ。あの理科の実験だけじゃなくて、どうやったら授業が少しでもよくなるかなって考えることは、とっても楽しいことじゃないですか。

大杉：よく学校の中を歩いて、授業を見ていらっしゃいましたよね。

葉倉：そう。「また校長先生、授業を見に行っている」なんて言われながら、あちこちの教室をのぞいて回っていましたよね。あ、別にチェックするために回っていたとか、そういうことじゃないですよ。

大杉：わかっていますよ。

葉倉：授業を見ながら、担任の先生たちと一緒に、どうしたらもっと良くなるかを考えるのが好きなんです。私もそうでしたが、自分で授業をやっていると気づかないことってあるじゃないですか。無意識にやっていたり、見ているつもりで見ていなかったり、聞いているつもりで聞いていなかったり……。横で見ているとそういうことも拾いやすいんですね。それを伝えてあげるのも校長の仕事かなって。ときどきその場で担任の先生に「もっとこうしたほうがいいわよ」とささやいたこともありましたね。そうするとすぐに授業がよくなって。

大杉：そういうときってうれしいですね。

大杉：葉倉先生は本当に授業第一主義ですよね。

葉倉：そうです。私はとにかく、授業がいちばん大切だと思っているんです。どの先生も「授業が大切だ」って言うんですよね。でも、学校でやってるのは授業だけじゃないじゃないですか。そうするとだんだん「授業も大事だけれど、ほかにも大事なことがいろいろある」ってなっちゃうんです。授業の大切さが、相対的に下がっていってしまう。

大杉：学校って、本当にいろいろなことが起きますからね。トラブルや問題を抱えていると、その対策のほうを優先せざるを得ないということもあると思います。

葉倉：私はそうじゃないと思うんです。いちばん大切なのは、やっぱり毎日の授業なんです。子どもたちが学校に来ているときにいちばん長い時間を費やしているのは授業じゃないですか。友達と遊ぶのが楽しい、給食が好きとか、いろいろなことを言いますが、やっぱり子どもたちは学校に授業を受けに来ているんですよ。学校の中が落ち着かないときにこそ、授業で子どもたちを引きつけていかなくてはならないと思っています。

大杉：なるほど。

葉倉：だから、いろんな問題があるときこそ、教師は原点に立ち返って、授業を見直すべきだと思うんです。学級経営や生活指導がまずあって、その先に授業がある——のではなくて、まずは授業なんです。授業を通して、学校経営も生活指導もしていくことが大切だと私は考えているんです。学校によっては「いま、学校の中がいろいろ大変だから、今年は校内研や授業公開はお休みにしよう」というところもあるそうですが、私は逆だと思います。そんなときこそ、校内研や授業公開をしっかりやって、授業を通して、一人ひとりの子どもと真正面から取り組むべきなんです。私たち教師は、授業が勝負なんです。

「楽しむ」ことが大切なんですね（大杉）

大杉：久しぶりにお目にかかりましたけど、やっぱり葉倉先生はパワー全開ですね。

葉倉：そんなことないですよ。私だって、つい栄養ドリンクを飲んじゃうことがあるんですよ。

大杉：それはやめてくださいって、前から言っているじゃないですか。葉倉先生がそれ以上元気になったら、周りが困ります！（笑）

葉倉：またそんなことを……（笑）。

大杉：そのパワーの源は何ですか？

葉倉：先生方と一緒に楽しみながら研究に取り組んでいるから、じゃないかしら。校長だとか教諭だとかといった立場を超えて、一緒に楽しみながら研究することですね。

大杉：校長としてのお仕事もそうだったんですか？

葉倉：そうですね。もちろん楽しいことばかりじゃなくて、大変なこともいろいろありましたけど、そういう中でも自分が楽しいと思えることを見つけて、みんなと一緒にどんどん楽しんでいくことが大切なんじゃないかしら。

大杉：そうか！

葉倉：どうしたんですか？

大杉：実は、校長のバトンを受け取ってから約半年、本当に大変だったんです。教頭と校長、座る席が隣に移っただけなんですが、立場も、考えるべきこともまったく違うんですね。特に新任の校長は慣れるまでが大変だよって聞かされてはいたんですが、ここまでとは……。正直言って「辛いなぁ」と思うことも多かったんです。でも、いまのお話をうかがって、私は、先生方と一緒に研究を楽しもうという気持ちになっていなかった、もしかしたら楽しんではいけないような気になっていたのかなって気がついたんです。さっき、葉倉先生がなかなか理科の実験をやめないので困ったっていう話をしましたが……。

葉倉：やっぱり困ってたんですね。

大杉：はい。正直言って（笑）。ただ、私にも同じようなところがあることを思い出したんです。私は体育が専門なのですが、その研究会に行くと普通の教室で

平気で前転をしたり、倒立したり……。「こうだから、もっとこういうふうに指導しなくちゃいけないんじゃないか」なんてやっているわけです。そういうときって、本当に楽しいんですよね。まったく疲れない。考えてみれば私も、研究を楽しむという気持ちをもっていたわけですよね。きっとそれは理科だとか体育だとかといった教科を越えて大切なことだと思います。この半年間、私の中で「先生方と一緒に楽しむ」ことを忘れていたことに、いま気がつきました。

葉倉：大杉さんはまじめな方だから、いろいろ背負い込んでしまう部分もあるのだと思いますが、いまおっしゃったように、本質的にはそういう「一緒に楽しむ」ことを知っていらっしゃる方だと思います。いまはまだ慣れない仕事で大変だと思いますが、少しずつ、そういう楽しさも出していかれたらいいんじゃないかしら。

みんなのおかげで、バトンを渡す瞬間まで全力疾走できました（葉倉）

大杉：最後に、これからの東菅小学校に何かひとこといただけますか。

葉倉：今年の3月で東菅小学校を去ったわけですが、不思議とさみしさは感じなかったんです。最終日までさみしさを感じる時間がなかったと言ったほうが

いいかもしれません。「いいバトンパスは、相手を信じて最後まで力を抜かない」と、職員会議で言ったことがありますね。３月31日に大杉先生、そして東菅小学校の先生方みんなにバトンを渡したわけですが、私はそのバトンを渡す瞬間まで、本当に全力疾走することができました。それは、皆さんがずっと私を支えてくださっていたからです。バトンを渡すことにも何の心配もありませんでした。私は皆さんを信頼していましたし、信頼できるだけのことを、皆さんはなさっていたからです。東菅小学校での思考力育成の研究は、先生方、そして職員の皆さんも含めて全員でやってきたこと。だから私がいなくなってもきっと続いていくだろうと思います。もしかしたら形は変わっていくかもしれませんが、それでもこの東菅小学校のパワーは、続いていくと思います。大杉先生、バトンは渡しましたよ。よろしくお願いしますね。

大杉：わかりました。今日は、大切なことをいろいろ思い出すことができました。ありがとうございました。

おわりに

東菅小学校での思考力育成の取り組みについては、この数年間、「本にまとめませんか」というお話をいただいていましたが、「まだまだ……」という思いもあり、ずっとお断りしてきました。

ところが昨年11月に東菅小学校で第40回神奈川県小学校理科教育研究大会が行われた際、東菅小学校の授業や研究を見に来てくださった私の指導主事時代の上司でもある元川崎市立中原小学校校長（現在、横浜国立大学非常勤講師）の白井達夫先生が「東菅小学校の取り組みをぜひ、本にまとめるべきだ」とおっしゃっていただきました。とても尊敬する先生だったので迷い、今回、座談会の司会もしてくれた渡邉信二総括教諭に相談したところ「先生、出しましょう」と背中をおしてくれ、やっと出版の決心がつきました。

この7年間の物語を一緒に紡いでくれた、東菅小学校の皆さんを紹介したいと思います。とはいえ、7年間に関係した皆さんすべてのお名前を掲載することはかないません。代表して、7年間の最後の年（平成30年度）に東菅小学校に在籍されていた教職員の皆さんのお名前をご紹介いたします。ここにお名前はありませんが異動した教職員も含め、本当にたくさんの方々と共に研究した日々のおかげで、いまの東菅小学校があると思っております。

最後になりましたが、本書が発刊できましたのは、東菅小学校のささやかな取り組みに粘り強くご指導いただいた日本体育大学大学院教育学研究科長の角屋重樹先生はじめ、企画から編集までたくさんのアイデアをいただいた、文溪堂の岸 保好さん、装文社の金子聡一さんのおかげです。心から感謝申し上げます。
皆さん、ありがとうございました。

葉倉 朋子

平成30年度　川崎市立東菅小学校　教職員

葉倉朋子　大杉　徹　東澤ゆり子　前田　愛　佐藤真生子
足立智秀　山本みのり　関岡直樹　渡辺真澄　清水義晃
濵口由香　杉山智之　米倉史乃　村田かほる　田代晴子
滝上貴博　松木瑞穂　渡邉信二　鳥羽美津代　池谷ひとみ
小久保礼以子　篠崎洸平　桜井謙一　藤井妙子　市来名代
榊原千絵　林　摂子　遠山浩子　岩田泰乃　巻田美智子
ケイトリンシュレゲル　木下暖菜　白石　遼　三ッ堀有紀
本嶋貴恵子　有吉邦男　渡邉有希

（順不同・敬称略）

川崎市立東菅小学校

校長　大杉 徹　　児童数　528 名
神奈川県川崎市多摩区菅馬場 2 丁目 19 番 1 号
http://www.keins.city.kawasaki.jp/2/ke209101/

平成 30・31 年度	川崎市教育委員会教育課題（思考力の育成）　研究推進校
	川崎市教育委員会理科教育　研究推進校
平成 31 年度	国立教育政策研究所理科実践協力校
平成 28・29 年度	川崎市教育委員会教育課題（思考力の育成）　研究推進校
	川崎市教育委員会理科教育　研究推進校
平成 28 年度	国立教育政策研究所理科実践協力校
平成 26・27 年度	川崎市教育委員会教育課題（思考力の育成）　研究推進校

角屋 重樹

かどや しげき ＊ 昭和 24 年三重県生まれ。広島大学大学院教育学研究科教科教育学（理科教育）専攻博士課程単位取得退学。博士（教育学）。広島大学教育学部助手、宮崎大学教育学部助教授、文部省初等中等教育局教科調査官、広島大学大学院教育学研究科教授、国立教育政策研究所教育課程研究センター基礎研究部部長を経て、現在、日本体育大学大学院教育学研究科長、広島大学名誉教授、国立教育政策研究所名誉所員、日本教科教育学会常任理事。著書に『改訂版 なぜ、理科を教えるのか—理科教育がわかる教科書—』、『今なぜ、教科教育なのか』（共に文溪堂）など多数。

葉倉 朋子

はくら ともこ ＊ 川崎市立小学校教諭や川崎市総合教育センター指導主事を経て平成 24 年 4 月から 7 年間、川崎市立東菅小学校校長。現在、かわさき市民アカデミー事務局長。

写真／佐藤正三（スタジオオレンジ）、株式会社ユニバァサル設計、葉倉朋子、東菅小学校の先生方
装丁・デザイン／川尻まなみ（株式会社コスミカ）
DTP／三浦明子（株式会社コスミカ）
編集協力／金子聡一（株式会社装文社）

東菅《ひがしすげ》小学校の7年間の物語　思考の「すべ」を獲得した子どもたち

2019 年 10 月　第 1 刷発行

著　者　川崎市立東菅小学校授業研究会
監　修　角屋重樹
発行者　水谷泰三
発行所　株式会社**文溪堂**
東京本社／東京都文京区大塚 3-16-12　〒112-8635　TEL（03）5976-1311（代）
岐阜本社／岐阜県羽島市江吉良町江中 7-1　〒501-6297　TEL（058）398-1111（代）
大阪支社／大阪府東大阪市今米 2-7-24　〒578-0903　TEL（072）966-2111（代）
ぶんけいホームページ　http://www.bunkei.co.jp/
印刷・製本　サンメッセ株式会社

ISBN978-4-7999-0341-4　NDC374　192P 210㎜×148mm